USO
de la gramática española
intermedio

Francisca Castro 지음

한국어판

Uso
de la gramática española
intermedio [한국어판]

초판 1쇄 발행 2026년 2월 27일

지은이 Francisca Castro Viudez
옮긴이 박선애
일러스트 Grafitti
펴낸곳 (주)골드앤에스
펴낸이 양홍걸

홈페이지 www.siwonschool.com
주소 서울시 영등포구 영신로 166 시원스쿨
교재 구입 문의 02)2014-8151
고객센터 02)6409-0878

ISBN 979-11-94687-42-9 13770
Number 1-510404-33333300-06

Prólogo 머리말

『Uso de la gramática española [한국어판]』 시리즈는 외국어로서 스페인어(ELE) 교육 교재에서 일반적으로 학습 단계별 진도를 구성할 때 사용하는 문법 학습 과정 체계를 따르고 있습니다. 이 책의 목표는 의사소통 능력을 기르는 수단으로서 문법의 중요성을 부각하는 동시에 학습자가 말할 때 더 큰 자신감을 가질 수 있도록 돕는 데 있습니다.

『Uso de la gramática española [한국어판]』 중급 단계의 31개 단원은 스페인어 학습 2년 차에 필요한 모든 필수 문법을 제시하며, 이를 체계적이고 단계적으로 구성된 연습 문제를 통해 학습하도록 합니다.

각 단원은 다음과 같은 부분으로 이루어져 있습니다.

문법 항목 제시

삽화와 도표를 통해 문법 포인트를 보여 줍니다. 이러한 시각 중심의 방식을 통해 명확하고 도식화된 포괄적 정보를 제공하며, 이는 학습 과정 중 언제든지 빠르게 찾아 참고할 수 있는 유용한 자료가 됩니다.

Uso 용법

일상적인 의사소통 상황에서 해당 문법이 어떻게 작동하는지 핵심 규칙을 중심으로 설명하며, 풍부한 예문을 함께 제시합니다. 모든 학습자가 쉽게 이해할 수 있도록 꼭 필요한 언어학적 용어만 사용하였으며, 어휘와 문장 구조 역시 매우 간결하게 구성했습니다.

Ejercicios 연습 문제

다음과 같은 특징이 있습니다.

- 먼저 문법의 형태를 연습한 뒤, 문맥 속에서의 실제 활용을 다룰 수 있도록 설계되어 있습니다.
- 통제된 연습에서 시작해, 단원 안에서 점차 자유 및 반자유 생산 활동으로 나아가도록 단계화되어 있습니다.
- 어휘는 학습 효율성, 수준 적합성, 그리고 점진적인 확장을 고려하여 선별되어, 쉽고 완전한 습득이 가능하도록 구성되었습니다.

『Uso de la gramática española [한국어판]』 시리즈는 수업 시간은 물론 자습용으로도 활용할 수 있는 능동적인 학습 자료로 설계되었습니다.

학습 자율성을 높이기 위해, 연습 문제 페이지에는 자기 평가를 할 수 있는 공간이 마련되어 있습니다. 각 연습 문제와 단원이 끝날 때마다 정답 개수를 확인하며 스스로 실력을 점검할 수 있습니다. 또한 자유 연습 및 반자유 연습 문제도 포함되어 있습니다. 이 문제들은 정해진 답이 없기 때문에 정답 수 산정에는 포함되지 않습니다.

연습 문제 정답 해석은 spain.siwonschool.com에서 제공됩니다.

ÍNDICE 차례

Tema 1

단순 과거

¿Dónde nació?
¿Dónde vivió de pequeño?
¿Dónde estudió canto?
¿Por qué empezó a estudiar?
¿Quién fue su primer maestro?
¿Cuál fue su primera actuación importante?

어디에서 태어났나요?
어린 시절 어디에서 살았나요?
어디에서 성악을 공부했나요?
왜 공부를 시작했나요?
첫 번째 스승은 누구였나요?
첫 번째 중요한 공연은 무엇이었나요?

A ver si adivinas quién es: nació en Madrid en 1945. Tuvo un accidente en 1963 y empezó a cantar en el hospital. Se hizo famoso con la canción Gwendoline…

누구인지 맞혀 봅시다.
1945년에 마드리드에서 태어났습니다.
1963년에 사고를 당했고
병원에서 노래를 부르기 시작했습니다.
<Gwendoline>이라는 노래로 유명해졌습니다.

¡Julio Iglesias!
훌리오 이글레시아스!

단순 과거

- **규칙 동사**

	hablar 말하다	comer 먹다	vivir 살다
(yo)	hablé	comí	viví
(tú)	hablaste	comiste	viviste
(él, ella, usted)	habló	comió	vivió
(nosotros/-as)	hablamos	comimos	vivimos
(vosotros/-as)	hablasteis	comisteis	vivisteis
(ellos/-as, ustedes)	hablaron	comieron	vivieron

- **불규칙 동사**

가장 자주 쓰이는 불규칙 동사들의 단순 과거 형태는 다음과 같습니다.

	단수			복수		
	1.ª	2.ª	3.ª	1.ª	2.ª	3.ª
andar 걷다, 돌아다니다	anduve	anduviste	anduvo	anduvimos	anduvisteis	anduvieron
conducir 운전하다	conduje	condujiste	condujo	condujimos	condujisteis	condujeron
dar 주다	di	diste	dio	dimos	disteis	dieron
decir 말하다	dije	dijiste	dijo	dijimos	dijisteis	dijeron
dormir 자다	dormí	dormiste	durmió	dormimos	dormisteis	durmieron
estar ~이다 (상태), ~에 있다	estuve	estuviste	estuvo	estuvimos	estuvisteis	estuvieron
hacer 하다, 만들다	hice	hiciste	hizo	hicimos	hicisteis	hicieron
ir 가다	fui	fuiste	fue	fuimos	fuisteis	fueron
leer 읽다	leí	leíste	leyó	leímos	leísteis	leyeron
pedir 요청하다	pedí	pediste	pidió	pedimos	pedisteis	pidieron
poder 할 수 있다	pude	pudiste	pudo	pudimos	pudisteis	pudieron
querer 원하다	quise	quisiste	quiso	quisimos	quisisteis	quisieron
saber 알다	supe	supiste	supo	supimos	supisteis	supieron
ser ~이다	fui	fuiste	fue	fuimos	fuisteis	fueron
tener 가지다	tuve	tuviste	tuvo	tuvimos	tuvisteis	tuvieron
traer 가져오다	traje	trajiste	trajo	trajimos	trajisteis	trajeron
venir 오다	vine	viniste	vino	vinimos	vinisteis	vinieron

conducir(운전하다)와 같은 변화 ⟶ producir 생산하다, traducir 번역하다

dormir(자다)와 같은 변화 ⟶ morir 죽다

leer(읽다)와 같은 변화 ⟶ caer(se) 떨어지다(넘어지다), construir 건설하다,
destruir 파괴하다, huir 달아나다, oír 듣다

pedir(요청하다)와 같은 변화 ⟶ despedir 해고하다, divertirse 즐거워하다,
vestir(se) 옷을 입히다(입다), sentir 느끼다, repetir 반복하다

poner(놓다)와 같은 변화 ⟶ componer 구성하다, disponer 배치하다, proponer 제안하다

tener(가지다)와 같은 변화 ⟶ detener(se) 멈추다(정지하다), obtener 얻다

- **음가 유지를 위해 1인칭 단수에서 철자 변화가 있는 동사들**

buscar 찾다	busqué	buscaste	buscó	buscamos	buscasteis	buscaron
llegar 도착하다	llegué	llegaste	llegó	llegamos	llegasteis	llegaron
cruzar 건너다	crucé	cruzaste	cruzó	cruzamos	cruzasteis	cruzaron

buscar(찾다)와 같은 변화 ⟶ acercar 가까이 가다, equivocarse 실수하다, embarcar 탑승하다

llegar(도착하다)와 같은 변화 ⟶ jugar 놀다, pegar 붙이다, 치다

cruzar(건너다)와 같은 변화 ⟶ cazar 사냥하다, comenzar 시작하다, empezar 시작하다

단순 과거

1   과거에 일어난 행동이며 이미 끝났고, 현재와 관련이 없을 때 사용합니다.

- *El lunes pasado **vi** a Jaime en el dentista.*
  지난주 월요일에 치과에서 하이메를 보았습니다.

2   보통 행동이 일어난 시점을 알려 주는 시간 표현과 함께 사용합니다. 그래서 전기문에서 사용됩니다.

- ***Recibí** tu carta **en abril.***
  4월에 네 편지를 받았다.

- *Miguel de Cervantes **murió en 1616.***
  미겔 데 세르반테스는 1616년에 죽었습니다.

3   또한 행동의 기간이나 경계를 나타내는 표현과 함께 쓰입니다.

- *Mi tío **vivió** en Chile **muchos años / hasta 1969 / bastante tiempo.***
  제 삼촌은 칠레에서 여러 해 동안 / 1969년까지 / 꽤 오랫동안 살았습니다.

4   반복된 행동을 말할 때도 사용할 수 있습니다.

- *Después de la muerte de Ernesto, **fui** a visitar a su madre **varias veces.***
  에르네스토가 죽은 뒤, 저는 그의 어머니를 여러 번 찾아갔습니다.

1. 단순 과거형을 알맞게 쓰세요.

1. *Detenerse, él*   *Él se detuvo.*
2. Volver, tú
3. Despedirse, ellos
4. Traer, él
5. Construir, ella
6. Empezar, nosotros
7. Descubrir, yo
8. Componer, él
9. Sentir, yo
10. Obtener, yo
11. Oír, ellos
12. Vestir, ella
13. Morir, ella
14. Hacer, vosotros
15. Tener, yo
16. Estar, usted

정답 수: .... /15

2. 단순 과거로 동사를 넣어 문장을 완성하세요.

1. *En el viaje de vuelta condujo mi marido. (conducir)*
2. Esta novela la _____________ Pedro Salinas del francés. (traducir)
3. Después de la boda, los invitados _____________ hasta muy tarde. (dormir)
4. Nosotros _____________ alegría cuando _____________ visitarnos. (sentir; decidir, ellos)
5. El consejero de Sanidad _____________ continuar la discusión por la tarde. (proponer)
6. Al camarero se le _____________ los cubiertos al suelo. (caer)
7. El acueducto de Segovia lo _____________ los romanos. (construir)
8. Yo no _____________ a nadie, solo dije la verdad. (atacar)
9. Al final _____________ todos en el coche de Juanjo. (llegar)
10. Sí, creo que yo _____________. (equivocarse)
11. ¿Dónde estabas?, ayer te _____________ por la biblioteca y no te _____________. (buscar, ver)
12. Cuando _____________ al aeropuerto, _____________ para Argentina inmediatamente. (llegar, embarcar, yo)
13. Estamos agotados, ayer _____________ diez kilómetros por el monte. (andar)
14. Mi madre nunca _____________ la verdad. (saber)
15. ¿No te contestaron? A lo mejor no _____________ el teléfono. (oír)
16. Mi padre _____________ mucho la muerte de mi madre. (sentir)

17. El niño _________________ el castillo de arena. (deshacer)

18. El otro día _________________ tarde a la exposición de pintura. (llegar, yo)

19. El otoño pasado _________________ más que este. (llover)

20. Andrés dice que el sábado _________________ muchísimo en casa de Amparo. (divertirse)

정답 수: .... /22

3. 예시를 보고 알맞게 완성하세요.

1. *Hago*	*hice*	11. *Repite*	__________
2. Salgo	__________	12. Conduzco	__________
3. Mueren	__________	13. Devuelve	__________
4. Dispongo	__________	14. Puedes	__________
5. Sabes	__________	15. Da	__________
6. Acerco	__________	16. Quiere	__________
7. Traemos	__________	17. Vienen	__________
8. Destruye	__________	18. Producen	__________
9. Compone	__________	19. Sentís	__________
10. Dormís	__________	20. Pido	__________

정답 수: .... /19

4. 예시와 같이 단순 과거형을 사용하여 tú 형태로 질문을 만드세요.

1. *A qué hora / levantarse / ayer* *¿A qué hora te levantaste ayer?*

2. Dónde / estar / entre las 3 y las 5 de la tarde

____

3. A quién / le / decir eso

____

4. En qué hotel / estar / la última vez

____

5. Dónde / poner / la carta de María

____

6. Con quién / jugar al tenis / el domingo

____

7. A qué hora / llegar / ayer a casa

____

8. Por qué / no decir / tu número de teléfono

____

9. Dónde / nacer

10. Cuándo / obtener / la beca

11. Cómo / saber / la noticia del premio

12. Cuánto dinero / le / dar / a Juan

13. Cómo / poder / hacer / ese ejercicio

정답 수: ....　/12

5. usted 형태로 질문을 만드세요.

1. A qué hora / levantarse / ayer
   ¿A qué hora se levantó ayer?
2. Dónde / estar / entre las 3 y las 5 de la tarde

3. A quién / le / decir eso

4. En qué hotel / estar / la última vez

5. Dónde / poner / la carta de María

6. Con quién / jugar al tenis / el domingo

7. A qué hora / llegar / ayer a casa

8. Por qué / no decir / su número de teléfono

9. Dónde / nacer

10. Cuándo / obtener / la beca

11. Cómo / saber / la noticia del premio

12. Cuánto dinero / le / dar / a Juan

13. Cómo / poder / hacer / ese ejercicio

정답 수: ....　/12

6. 이제 **vosotros** 형태로 질문을 만드세요.

1. *(A qué hora / levantarse / ayer)* *¿A qué hora os levantasteis ayer?*

2. Dónde / estar / entre las 3 y las 5 de la tarde

3. A quién / le / decir eso

4. En qué hotel / estar / la última vez

5. Dónde / poner / la carta de María

6. Con quién / jugar al tenis / el domingo

7. A qué hora / llegar / ayer a casa

8. Por qué / no decir / vuestro número de teléfono

9. Dónde / nacer

10. Cuándo / obtener / la beca

11. Cómo / saber / la noticia del premio

12. Cuánto dinero / le dar / a Juan

13. Cómo / poder / hacer / ese ejercicio

정답 수: .... **/12**

7. 상자에서 동사를 찾아 알맞은 단순 과거 변형으로 문장을 완성하세요.

> *querer   huir   llegar   caerse   dormir*
> *devolver   destruir   **producir**   patinar   detener*

1. Aquel año España produjo tanto vino como Francia.

2. Al final, todos los pasajeros _______________ volver en tren.

3. Como no les gustaba el sofá, lo _______________ a la tienda de muebles.

4. Ayer, cuando _______________ a mi casa, mis hijos no estaban.

5. El huracán _______________ todo lo que encontró.

6. El ladrón _______________ antes de llegar la policía.

7. El coche _______________ a causa del hielo y luego _______________

   por un terraplén.

8. La policía _______________ a los ladrones cuando salían del banco.

9. Como no encontramos hotel, _______________ en una pensión barata.

정답 수: .... /9

TEMA 1　총 정답 수: .... /101

Tema 2

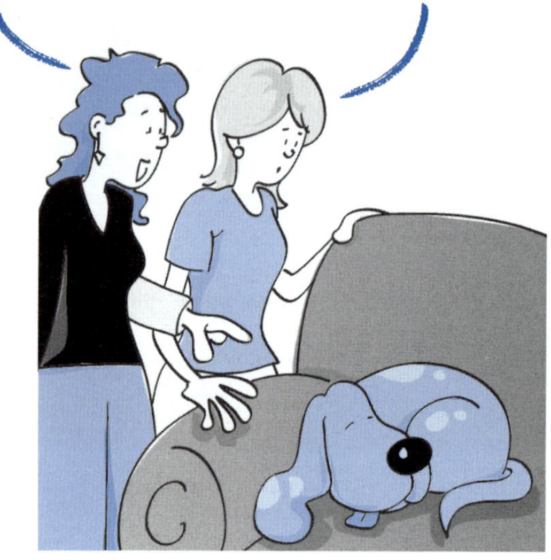

불완료 과거와 단순 과거의 어미는 다음과 같습니다.

불완료 과거		단순 과거	
-ar	-er / -ir	-ar	-er / -ir
-aba	-ía	-é	-í
-abas	-ías	-aste	-iste
-aba	-ía	-ó	-ió
-ábamos	-íamos	-amos	-imos
-abais	-íais	-asteis	-isteis
-aban	-ían	-aron	-ieron

불완료 과거

1 과거에 반복적이거나 습관적으로 일어난 행동을 말할 때 사용합니다.

- *Antes **venía** en metro, pero ahora vengo en mi coche.*
  예전에는 지하철을 타고 왔지만, 지금은 제 차를 타고 와요.

- *Mi abuelo **trabajaba** en una fábrica de zapatos.*
  우리 할아버지는 신발 공장에서 일했어요.

- *Cuando era pequeña, siempre **salía** a patinar con mis amigas los domingos.*
  제가 어렸을 때는 일요일마다 항상 친구들(여)과 함께 스케이트를 타러 나갔어요.

2 또한 과거의 배경이나 상태를 묘사할 때도 사용합니다.

- *La casa de mis padres **estaba** en el centro del pueblo. **Era** muy grande y tenía tres plantas.*
  우리 부모님의 집은 마을 중심에 있었어요. 아주 컸고 층이 세 개 있었어요.

3 행동이 진행 중이었음을 보여 줄 때 사용합니다.

- *Mientras todos **charlaban**, Juan **miraba** por la ventana.*
  모두가 이야기하는 동안 후안은 창밖을 보고 있었어요.

- ***Leía** su libro preferido mientras **tomaba** una taza de café.*
  그는 커피 한잔을 마시면서 좋아하는 책을 읽고 있었어요.

단순 과거

1 과거에 끝난 행동을 말할 때 사용합니다. 그 행동은 한 번일 수도 있고 반복일 수도 있습니다. 보통 그 행동을 한정해 주는 시간 표현이 문맥 속에 명시적 또는 암시적으로 나타납니다.

- *¿Qué **hicisteis** en **Semana Santa**?*
  너희는 성주간에 무엇을 했니?

- *La semana pasada **fui** en metro **tres veces**.*
  지난주에 나는 지하철을 세 번 탔다.

- *Los Martínez **estuvieron** en EEUU **mucho tiempo**.*
  마르티네스 가족은 미국에 오랫동안 있었어요.

- ***En abril fuimos** a París.*
  4월에 우리는 파리에 갔어요.

불완료 과거 / 단순 과거

불완료 과거와 단순 과거가 함께 사용될 때, 단순 과거는 주요 행동을 나타내고 불완료 과거는 그 행동이 일어나는 원인이나 주변 상황을 묘사합니다

- *El niño **se comió** todos los bombones que **había** en la caja.*
  그 아이는 상자에 있던 초콜릿을 모두 먹어 버렸어요.

- *Cuando **tenía** 18 años, **se fue** de la casa de sus padres porque **quería** vivir en otra ciudad.*
  그는 18살이었을 때, 다른 도시에 살고 싶어서 부모님의 집을 떠났어요.

1. 당신은 18살이었을 때 무엇을 했나요? 긍정문 또는 부정문으로 문장을 쓰세요.

1. Tocar la guitarra.	*Yo tocaba la guitarra.* (또는 *Nunca tocaba la guitarra.*)
2. Salir con los amigos.	
3. Escribir poemas.	
4. Tener pareja.	
5. Estudiar mucho.	
6. Jugar al fútbol.	
7. Trabajar.	
8. Tener moto.	
9. Llevar ropa moderna.	

정답 수: .... /8

2. 알맞은 동사 형태에 밑줄을 그으세요.

1. *Cuando vivimos / vivíamos en Roma conocíamos a muchos italianos que estudiaban / estudiaron Económicas.*
2. No me *compré / compraba* las botas porque *eran / fueron* demasiado caras.
3. La casa que se *compraron / compraban* en la playa no *tenía / tuvo* jardín.
4. El domingo *veía / vi* una película en la que *actuó / actuaba* Antonio Banderas.
5. Cuando *fui / era* pequeña me *regalaron / regalaban* una muñeca que *hablaba / habló.*
6. El tren que *estuvo / estaba* en la vía 1 no *fue / iba* en la dirección que *quisimos / queríamos.*
7. El otro día Alejandro se *comió / comía* todas las galletas que *hubo / había* en la caja.

8. Cuando yo *fui / era* joven, a mi padre no le *gustaban / gustaron* mis amigos porque *llevaron / llevaban* el pelo largo y *tocaban / tocaron* la guitarra eléctrica.

9. • ¿Qué *hacías / hiciste* cuando *tenías / tuviste* 10 años?
   • Pues lo normal, *fui / iba* al colegio, *jugaba / jugué* con otros niños… y una vez me *caí / caía* de la bici y me *rompía / rompí* un brazo.

10. Durante mucho tiempo, Jorge *era / fue* mi mejor amigo. *Íbamos / Fuimos* juntos a clase y los fines de semana *íbamos / fuimos* al cine o al fútbol. Pero un día, él *empezaba / empezó* a salir con una chica que *estudiaba / estudió* Periodismo y yo me *fui / iba* a vivir a Guadalajara.

정답 수: ………   /32

3. 동사를 불완료 과거 또는 단순 과거로 넣어 문장을 완성하세요.

1. *Mientras un avión despegaba, otro aterrizaba.*

2. Mientras _______________, Daniel _______________ con el dinero de la beca. (estudiar, vivir)

3. ¿Y los niños? Hace un momento _______________ en el patio. (estar)

4. El sábado por la tarde _______________ a comprar, pero las tiendas _______________ cerradas. (salir, nosotros; estar)

5. • ¿Has visto la exposición de Juan Gris?
   • Sí, _______________ el domingo, pero no _______________ nada. (ir, gustar)

6. • ¿Qué tal el viaje?
   • Fatal, el hotel _______________ muy lejos del centro, las habitaciones _______________ muy pequeñas y, además, no _______________ muy limpias. (estar, ser, estar)

7. ¿Las vacaciones? Muy bien, _______________ estupendamente. (pasarlo, nosotros)

8. Ayer _______________ a Sandra, pero no _______________ en casa. (llamar, yo; estar)

9. Él _______________ llegar a tiempo a la reunión, pero el coche _______________ y _______________ tarde. (querer, estropearse, llegar)

10. Después de comer, siempre _______________ la siesta. (dormir)

11. Antes de casarnos, ni Luis ni yo _______________ trabajo fijo. (tener)

12. El hospital donde _______________ mi madre _______________ muy pequeño y _______________ cerca de mi casa. (trabajar, ser, estar)

13. Hasta que Fleming _______________ la penicilina, muchas enfermedades _______________ incurables. (descubrir, ser)

14. _______________ de salir con Laura porque nunca _______________ nada que decirnos. (Dejar, yo; tener, nosotros)

정답 수: ………   /25

4. 상자에서 동사를 찾아 알맞은 시제로 바꿔 이야기를 완성하세요.

> *hacer   casarse   comenzar   saber   tener*
> *llevar   ser* (2)   **ver**   *ir*

Yo *vi* a mi marido por primera vez en 1968. (Él) __________ un viejo amigo de mi familia.
Cuando yo __________ 19 años, mi madre me __________ a Suecia a conocerlo.
Pero __________ a salir cuando él __________ a vernos a Roma. __________ el 23 de
agosto. __________ una boda muy sencilla. Nadie lo __________ porque no (nosotros)
__________ ninguna celebración.

정답 수: .... /9

5. 문장을 자유롭게 완성하세요.

1. Ayer no vine a clase porque __________________________________

2. Luis el verano pasado conoció a una chica que __________________

3. Como el jueves era mi cumpleaños, __________________________

4. Hemos pasado las vacaciones en un hotel que __________________

5. Como el domingo había un partido de fútbol en la tele, yo ________

TEMA 2   총 **정답 수:** .... /74

Tema 3

과거 완료

과거 완료

'haber 동사의 불완료 과거형 + 과거 분사'로 이루어집니다.

haber의 불완료 과거형	+ 과거 분사
había	
habías	
había	cantado / bebido / salido
habíamos	
habíais	
habían	

불규칙 과거 분사			
abrir 열다	abierto	ver 보다	visto
escribir 쓰다	escrito	decir 말하다	dicho
hacer 하다	hecho	morir 죽다	muerto
poner 놓다	puesto	resolver 해결하다	resuelto
romper 깨다	roto	volver 돌아오다	vuelto

1 다른 과거 동작보다도 더 이전에 일어난 행동을 표현할 때 사용합니다.

- *Ayer, cuando **volví** a casa, Tere ya **había hecho** la comida.*
  어제 집에 돌아왔을 때, 테레는 이미 음식을 만들어 놓았어요.

2 또한 현재 완료와 함께 쓰여, 우리가 어떤 일을 처음으로 하게 되었음을 나타낼 때도 사용합니다.

- *Hoy **he visto** un tiburón de verdad. Antes de ahora nunca **había visto** uno.*
  오늘 저는 진짜 상어를 봤어요. 지금까지 한 번도 본 적이 없었어요.

1. 다음 동사들의 과거 분사를 쓰세요.

1. *Salir*　　　　　　*salido*
2. Abrir
3. Escribir
4. Guardar
5. Empezar
6. Poner
7. Responder
8. Romper
9. Ir
10. Quemar
11. Beber
12. Comprar
13. Ver
14. Volver
15. Cruzar
16. Envolver
17. Morir
18. Resolver

정답 수: ....　/17

Ejercicios 연습 문제

2. 예시와 같이 다음을 과거 완료 문장으로 쓰세요.

1. *Estar, yo*   *Yo había estado.*
2. Ser, ellos
3. Despertarse, ella
4. Abrir, tú
5. Hacer, nosotros
6. Levantarse, vosotros
7. Divorciarse, yo
8. Oír, vosotros

정답 수: .... /7

3. 예시와 같이 빈칸에 주어진 동사의 현재 완료 또는 과거 완료를 넣어 문장을 완성하세요.

Ahora / hoy	Antes de ahora
1. *he visto una procesión,*	*no había visto ninguna.*
2. ________ paella, (comer)	no la ________ nunca. (probar)
3. ________ en el mar, (bañarse)	no lo ________ nunca. (hacer)
4. ________ una novela, (escribir)	no ________ ninguna. (escribir)
5. ________ en una película, (trabajar)	no ________ cine nunca. (hacer)

정답 수: .... /8

4. 예시와 같이 알맞은 시제에 밑줄을 그으세요.

1. *Cuando visité Barcelona, ha cambiado / había cambiado mucho desde la última vez.*
2. • *¿Has estado / habías estado antes en Ámsterdam?*
   • Sí, estuve aquí en 1991. Esta es la segunda vez que vengo.
3. • ¿Qué tal está Sergio?
   • Lo vi hace dos meses y me dijo que *ha tenido / había tenido* un accidente con la moto, pero que ya estaba mejor.
4. • *¿Has terminado / habías terminado ya lo que tenías que hacer?*
   • Sí, ahora mismo.
5. Cuando la policía llegó, los ladrones ya se *han llevado / habían llevado* todo.
6. ¡Madre mía! Es la casa más lujosa que *he visto / había visto* en mi vida.

7. El juez *ha declarado / había declarado* inocente a Félix porque no *habían encontrado / han encontrado* pruebas suficientes.

8. El otro día, en la calle, y se me acercó una mujer a la que no *he visto / había visto* antes y empezó a hablar conmigo.

정답 수: ....　**/8**

5. 예시와 같이 알맞은 시제로 동사를 바꾸고 **cuando**를 사용하여 한 문장으로 완성하세요.

1. *Yo / llegar / a casa. Tomás / salir*

   Cuando llegué a casa, Tomás había salido.

2. Yo / ir a verlos. Ellos / desayunar

   ____

3. Nosotros / llegar a la estación. El tren / salir

   ____

4. Nosotros / ir a comprar. El supermercado / cerrar

   ____

5. Yo / ver a Lola / en verano. Lola / casarse

   ____

6. Yo / llamar a Nicolás. Nicolás / enterarse de la noticia

   ____

정답 수: ....　**/5**

6. 당신은 어느 날 친구 암파로를 봤다고 동료에게 이야기합니다. 과거 완료를 사용해 글을 완성하세요.

«El otro día me encontré con Amparo, estaba muy contenta. Me dijo que su hija (tener) _______________ un hijo, que su marido (jubilarse) _______________, que su hijo mayor (encontrar) _______________ trabajo y que el pequeño (irse) _______________ al extranjero con una beca. También me contó que (vender) _______________ el piso y (comprar) _______________ un chalé cerca de la playa».

정답 수: ....　**/6**

TEMA 3　총 **정답 수:** ....　**/51**

Tema 4

CONOCER, SABER, PODER

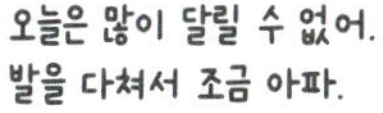

직설법 현재 시제

conocer 알다 (경험)	saber 알다 (지식)	poder 할 수 있다
conozco	sé	puedo
conoces	sabes	puedes
conoce	sabe	puede
conocemos	sabemos	podemos
conocéis	sabéis	podéis
conocen	saben	pueden

conocer 알다 (경험)

1 어떤 대상이나 사람을 실제로 경험해 본 적이 있을 때 사용합니다. 책, 장소, 사람 등을 알 수 있으며, 명사와 함께 사용합니다.

- *¿**Conoces al marido de Carmen***?*
  카르멘의 남편을 아니?

- *Yo **conozco un sitio** por aquí donde ponen unas tapas buenísimas.*
  이 근처에 아주 맛있는 타파스를 하는 곳을 알고 있어요.

saber 알다 (지식)

1 배워서 익힌 능력(수영, 그림 그리기, 언어 말하기 등)에 대해 말할 때 사용합니다. 동사 원형이나 문장과 함께 옵니다.

- *¿**Sabes hablar** árabe?*
  아랍어를 할 줄 알아?

- *No **sé cuándo volveremos a Roma**.*
  우리가 언제 로마에 돌아갈지 몰라요.

2 또한 어떤 정보를 알고 있거나 모르고 있을 때도 사용합니다.

- *¿**Sabes quién** se ha casado? María.*
  누가 결혼했는지 알아? 마리아야.

- *¿**Sabe** usted **ir** a la Plaza Mayor?*
  당신은 마요르 광장으로 가는 길을 아나요?

poder 할 수 있다

1 어떤 일을 할 수 있는 가능성이나 능력을 표현합니다. 동사 원형과 함께 사용합니다.

- *Ella **puede correr** los 1000 metros sin parar y tú, no.*
  그녀는 쉬지 않고 1000미터를 뛸 수 있고, 너는 하지 못해.

- *Hoy no **puedo tocar** el piano, me duele mucho la cabeza.*
  난 오늘은 피아노를 칠 수 없어요. 머리가 너무 아파요.

또한 허락을 구하거나 명령·지시를 할 때도 사용합니다.

- *Perdón, ¿**puedo** sentarme aquí?*
  실례합니다, 여기 앉아도 될까요?

- *Juan, ¿**puedes** sentarte, por favor?*
  후안, 부탁인데 앉아 줄래?

saber / conocer

1

때때로 같은 상황에서 쓰이며 동의어가 되기도 합니다. conocer가 '어떤 사건이나 소식을 알게 되다, 들었다'는 의미일 때 두 동사가 모두 사용됩니다.

- ***Conozco / Sé** las dificultades de este trabajo.*
  저는 이 일의 어려움을 알고 있어요.

- *Gracias a Internet, hoy las noticias **se conocen / se saben** inmediatamente en todo el mundo.*
  인터넷 덕분에 오늘날 소식은 전 세계에서 즉시 알려집니다.

2

또한 어떤 분야나 학문에 대해 지식을 가지고 있음을 표현할 때도 두 동사가 모두 사용될 수 있습니다.

- *Ramón **conoce / sabe** su oficio.*
  라몬은 자기 직업을 잘 알고 있어요.

- *¿**Conoces / Sabes** algo sobre la teoría de la relatividad?*
  상대성 이론에 대해 뭔가 알고 있니?

1. 친구에게 그의 능력에 대해 물어보고 O로 표시하세요.

	Sabe	No sabe
1. Tocar el piano		
2. Jugar al ajedrez		
3. Conducir una moto		
4. Montar a caballo		
5. Hacer tartas		
6. Pintar cuadros		
7. Bailar tango		

그다음, 앞의 질문을 답변에 따라 문장으로 쓰세요.

__________________________________ (no) sabe tocar el piano.

이제 그것을 자신에 대한 문장으로 바꿔 보세요.

Yo (no) sé tocar el piano.

2. 필요에 따라 **conocer** 또는 **saber**로 질문을 완성하세요.

1. ¿*(Tú) conoces México, DF?*
2. ¿(Tú) _______________ al marido de Concha?
3. ¿(Tú) _______________ jugar al rugby?
4. ¿(Usted) _______________ dónde vive el director?
5. ¿(Tú) _______________ quién vino ayer a casa?
6. ¿(Usted) _______________ a la nueva ayudante de producción?
7. ¿(Tú) _______________ la última obra de Gabriel García Márquez?
8. ¿(Tú) _______________ dónde puso Laura mi agenda?
9. ¿(Usted) _______________ algo más del problema con el banco?
10. ¿(Tú) _______________ quién era el verdadero propietario de la empresa?

정답 수: .... **/9**

3. 알맞은 시제로 **saber** 또는 **poder**를 넣어 문장을 완성하세요.

1. *Ayer no pude venir a trabajar porque tenía que hacer unos recados.*
2. • ¿Quieres un caramelo?
   • No, gracias, no _______________ comer dulces, el médico me lo ha prohibido.
3. Desde mi terraza se _______________ ver la Sierra de Gredos.
4. Mi profesor de inglés no _______________ ni una palabra de español.
5. ¿Tú _______________ escribir sin mirar el teclado?
6. Parece que esos jugadores no _______________ las reglas del juego.
7. ¿ _______________ llevar una moto?
8. Yo, sin gafas, no _______________ ver nada.
9. Los niños no _______________ ir solos al colegio porque no les han enseñado.
10. Los niños no _______________ ir solos al colegio porque aún son muy pequeños.
11. ¿ _______________ decirme a qué hora sale el próximo avión para Barcelona?
12. Niños, ¿ _______________ apagar la tele y hacer los deberes?
13. ¿Alguien _______________ cómo funciona esto?
14. Me llamaron por teléfono y no _______________ terminar de cenar.
15. Cuando la policía nos preguntó por el accidente, no _______________ qué contestar.

정답 수: .... **/14**

4. 상황에 맞게 '**poder** + 동사 원형'을 사용하여 부탁을 하세요.

1. Usted está en un restaurante y en su mesa no hay aceiteras para la ensalada. En la mesa de al lado sí tienen.

2. Los niños están haciendo mucho ruido. A usted le duele la cabeza.

3. Necesita tomar un autobús para ir al centro, y no sabe dónde está la parada.

4. Tiene un billete de 100 euros y necesita monedas y billetes más pequeños. Entra en un banco.

5. Usted tiene el coche en el taller. Un compañero tiene coche y va en su misma dirección.

6. Usted está enfermo y no ha podido ir a clase. Sus compañeros saben qué ejercicios hay que hacer.

7. Son las 2 de la mañana. Los vecinos tienen fiesta familiar. Usted no puede dormir.

정답 수: .... /7

5. conocer / saber / poder 중 알맞은 동사로 문장을 완성하세요.

1. *Eulalia no sabe hacer paella.*

2. Él dice que no _______________ venir a verte mañana.

3. Yo no _______________ el nombre de su calle.

4. Pocas personas _______________ el secreto de la pirámide.

5. Nosotros _______________ recogerte a las 7 en punto.

6. Ellos no _______________ bailar flamenco.

7. ¿_______________ (vosotros) decirme dónde están los papeles del seguro?

8. ¿_______________ (tú) a la responsable del informativo de la tarde?

9. ¿_______________ hablar con usted un momento, Sr. Pérez?

10. ¿Quién _______________ la dirección del Sr. Fernández?

11. Aquí nadie _______________ cómo se cambia el papel de la fotocopiadora.

12. ¿Quién _______________ al nuevo Director General?

13. ¿Cómo _______________ (tú) estudiar con tanto ruido?

14. ¿Desde cuándo ________________ este restaurante?

15. ¿Cómo ________________ nadar tan bien?

16. ¿Alguien ________________ el último disco de Alejandro Sanz?

17. Hoy no ________________ hacer más ejercicios. Estoy cansado.

정답 수: .... **/16**

6. 상황에 맞게 'poder + 동사 원형'으로 허락을 구하세요.

1. En el parque hay un banco ocupado solo por una persona. Hay sitio para alguien más. Ustedes quieren sentarse.

2. Su teléfono se ha estropeado y necesita hacer una llamada. Va a casa de su vecino.

3. En la oficina de información hay folletos en el mostrador y usted quiere uno.

4. Su bicicleta está rota y quiere hacer una excursión mañana. Se la pide a su hermano.

5. Estáis cenando en casa de unos amigos. La ensalada está muy rica y queréis serviros más.

정답 수: .... **/5**

TEMA 4   총 정답 수: .... **/51**

 ESTUVE / ESTABA / HE ESTADO + 현재분사

Anoche estuvimos hablando hasta las 3 de la mañana.

| 어젯밤 우리는 새벽 3시까지 이야기하고 있었어요.

Cuando estaba esperando el autobús, le robaron el monedero.

| 그녀가 버스를 기다리고 있을 때, 지갑을 도둑맞았어요.

¡Pobrecillos!
La niña de los vecinos
ha estado llorando
toda la tarde.

| 가엾어라!
| 이웃집 딸아이는
| 오후 내내 울고 있었어요.

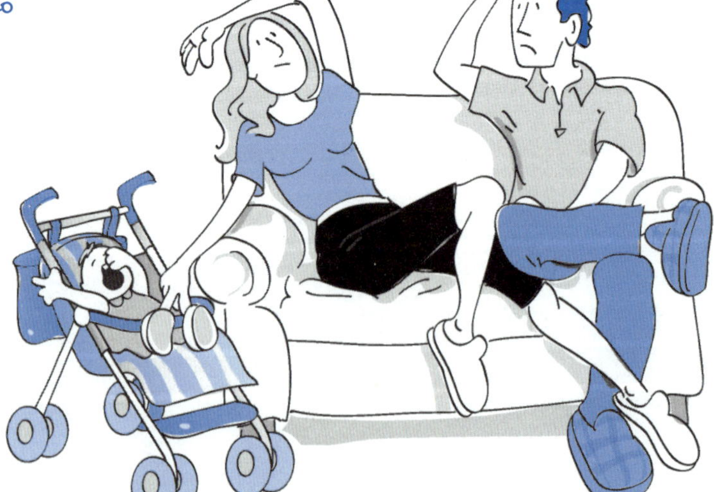

불완료 과거	단순 과거	현재 완료	
estaba	estuve	he estado	
estabas	estuviste	has estado	
estaba	estuvo	ha estado	
estábamos	estuvimos	hemos estado	+ 현재 분사
estabais	estuvisteis	habéis estado	
estaban	estuvieron	han estado	

estaba cantando / estuve cantando

1 불완료 진행형 estaba cantando(노래하고 있었다)와 단순 과거 진행형 estuve cantando (노래했다) 사이의 차이는, 불완료 과거 cantaba와 단순 과거 canté의 차이와 동일합니다.

- *Ayer **estuve esperando** el autobús mucho tiempo.*
  어제 저는 버스를 아주 오랫동안 기다리고 있었어요.

- *Cuando **estaba esperando** el autobús, llegó María.*
  제가 버스를 기다리고 있을 때 마리아가 도착했어요.

- *La otra noche **estuvimos hablando** de las elecciones.*
  저번 밤에 우리는 선거에 대해 이야기하고 있었어요.

- *Mientras **estábamos hablando** de las elecciones, ellas **estaban bailando**.*
  우리가 선거에 대해 이야기하는 동안 그녀들은 춤을 추고 있었어요.

2 불완료 과거의 습관적인 행동은 estar + 동사 원형의 형태로 표현할 수 없습니다.

다음과 같이 말할 수 없습니다.

- *Antes **estaba durmiendo** todos los días la siesta, pero ahora no.*
  예전에는 저는 매일 낮잠을 자고 있었어요, 하지만 지금은 아니에요.

이렇게 말해야 합니다.

- *Antes **dormía** todos los días la siesta, pero ahora no.*
  예전에는 저는 매일 낮잠을 자곤 했어요, 하지만 지금은 아니에요.

3 또한 ir(가다), tener(가지다), venir(오다), volver(돌아오다) 같은 특정 동사들은 보통 estar + 현재 분사 형태를 허용하지 않습니다.

다음과 같이 말할 수 없습니다.

- *Ayer Eva **estaba llevando** unos pantalones nuevos.*
  어제 에바는 새 바지를 입고 있었어요.

- *El año pasado la empresa **estaba teniendo** beneficios.*
  작년에 회사는 이익을 내고 있었어요.

- *Cuando **estaba volviendo** del trabajo, me encontré a un amigo.*
  제가 퇴근해서 돌아오고 있을 때 친구를 만났어요.

아래처럼 말해야 합니다.

- *Ayer Eva **llevaba** unos pantalones nuevos.*
  어제 에바는 새 바지를 입고 있었어요.

- *El año pasado la empresa **tuvo** beneficios.*
  작년에 회사는 이익을 냈어요.

- *Cuando **volvía** del trabajo, me encontré a un amigo.*
  제가 퇴근해서 돌아오고 있을 때 친구를 만났어요.

he estado cantando

1 행동의 지속성을 강조할 때 사용합니다. 현재 완료와 동일한 시간 표현들과 함께 쓰입니다.

- *Esta mañana la niña **ha estado llorando** un buen rato.*
  오늘 아침에 그 여자아이는 꽤 오랫동안 울고 있었어요.

- ***He estado limpiando** toda la mañana.*
  저는 아침 내내 청소하고 있었어요.

- ***Hemos estado esperando** estas vacaciones durante varios años.*
  우리는 몇 년 동안 이 휴가를 기다리고 있었어요.

1. 어제 오후 5시에 폭풍이 시작됐을 때, 그들은 무엇을 하고 있었나요?

1. *Ramón / dormir la siesta*　　*Ramón estaba durmiendo la siesta.*
2. Los niños / salir del colegio
3. Carlos y su mujer / fregar los platos
4. Nosotros / prepararse para salir
5. Ángel / terminar el informe
6. Mi mujer / esperar el metro
7. Mi abuela / merendar té y pastas
8. Mi abuelo / oír las noticias

정답 수: .... /7

2. 'estaba 또는 estuvo + 현재 분사'로 문장을 완성하세요.

1. *El sábado estuvimos bailando hasta las 4 de la mañana. (bailar, nosotros)*
2. • Ayer te llamé a las 8 de la tarde y no estabas.
   • A esa hora ______________________ en el gimnasio. (entrenar)
3. Mientras los Martínez ______________________ el partido por la tele, los niños ______________________ en la habitación. (ver, jugar)
4. • ¿Qué hicisteis ayer?
   • ______________________ en casa de un compañero de Antonio. (cenar)
5. Cuando llamó mi madre, yo ______________________ las bebidas para los invitados. (preparar)
6. Los ministros ______________________ ese tema varias horas y, al final, no solucionaron nada. (discutir)
7. El otro día ______________________ unas tapas, cuando llegó la ex mujer de Fernando. (tomar, nosotros)
8. • Niños, ¿qué ______________________ en vuestro cuarto? (hacer)
   • Nada, mamá, ______________________ al fútbol. (jugar)
9. Laura se cayó de la escalera cuando ______________________ la lámpara. (arreglar)
10. En 1989 ______________________ la casa de Mozart en Praga. (ver)

정답 수: .... /11

3. 다음 문장을 읽고 알맞은 형태에 밑줄을 그으세요.

1. *Cuando estaba siendo / era niño, mis padres me llevaron una vez al circo.*

2. Ayer no fui al concierto de rock porque me *estaba encontrando / encontraba* mal.

3. Cuando sonó el teléfono, yo me *estaba duchando / duchaba*.

4. Empezó a llover cuando *estábamos volviendo / volvíamos* a casa.

5. Mi marido tuvo un accidente cuando *estaba pintando / pintaba* el baño.

6. *Estábamos jugando / jugábamos* a las cartas y, de repente, José empezó a decir que hacíamos trampas.

7. ¿Sabes? El otro día, *estaba yendo / iba* en autobús y me encontré a Sarita.

8. Anoche, como no *estaba teniendo / tenía* hambre, solo cené fruta.

9. Cuando conocí a Javier, *estaba terminando / terminaba* Veterinaria.

10. *Estábamos escuchando / escuchábamos* la radio y no oímos pelear a los vecinos.

정답 수: .... **/9**

4. 예시와 같이 'estar (현재 완료) + 현재 분사' 형태로 문장을 만드세요.

1. *Mi hijo / estudiar / un año en Pisa*
   Mi hijo ha estado estudiando un año en Pisa.

2. Este fin de semana / llover / todo el tiempo

3. Yo / limpiar / todo el día

4. Antonio / arreglar su moto / toda la mañana

5. Los niños / llorar / toda la mañana

6. Ana M.ª y su amiga / viajar por todo el mundo / cinco meses

7. Mi padre / trabajar / en esa empresa / toda la vida

8. Julio y Carmen / salir juntos / siete años

정답 수: .... **/7**

5. 상자에서 동사를 찾아 알맞은 '**he estado / estuve / estaba** + 현재 분사' 형태로 바꿔 문장을 완성하세요.

> *acostarse ver mirar terminar*
> ***visitar** transportar esperar llover*

1. Alicia es española, pero este verano ha estado visitando a unos parientes en Argentina.

2. Cuando llegó a casa, sus amigos ________________________ el partido en la tele.

3. • ¿Qué te pasa?, ¿estás cansado?

   • Sí, es que ________________________ paquetes de un sitio a otro toda la mañana.

4. Ayer, cuando salimos de casa, ________________________ muchísimo.

5. • Juan, ¿por qué vienes tan tarde?

   • Es que ________________________ un trabajo y se ha hecho tarde.

6. El transporte público está fatal, ayer ________________________ el autobús más de media hora.

7. Maribel y Andrés llegaron cuando nosotros ________________________ .

8. No sé qué regalar a Lola; el sábado ________________________ en varias tiendas y no encontré nada.

정답 수: .... /7

TEMA 5　　총 **정답 수:** .... /42

 명령법

지하철
경적 신호가 울린 후에는 들어오거나
나가지 마세요.

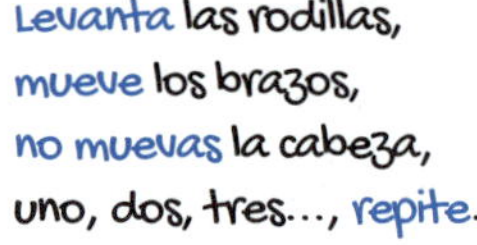

무릎을 들어 올려요, 팔을 움직여요,
머리는 움직이지 마세요.
하나, 둘, 셋… 반복해요.

휴지를 바닥에 버리지 마세요.

잔디를 밟지 마세요.

주의해서 운전하세요.

긍정 명령

- **규칙 동사**

	hablar 말하다	comer 먹다	escribir 쓰다
(tú)	habla	come	escribe
(él, ella, usted)	hable	coma	escriba
(nosotros/-as)	hablemos	comamos	escribamos
(vosotros/-as)	hablad	comed	escribid
(ellos/-as, ustedes)	hablen	coman	escriban

- **불규칙 동사**

일반적으로 직설법 현재에서 나타나는 불규칙이 2·3인칭 단수와 3인칭 복수에서 그대로 나타납니다. 다른 경우에는 불규칙 변화가 완전히 달라지기도 합니다.

	현재 시제	명령형				
cerrar 닫다	cierro...	cierra	cierre	cerremos	cerrad	cierren
decir 말하다	digo...	di	diga	digamos	decid	digan
hacer 하다, 만들다	hago...	haz	haga	hagamos	haced	hagan
ir 가다	voy...	ve	vaya	vayamos	id	vayan
poner 놓다	pongo...	pon	ponga	pongamos	poned	pongan
salir 나가다	salgo...	sal	salga	salgamos	salid	salgan
venir 오다	vengo...	ven	venga	vengamos	venid	vengan

부정 명령

- **규칙 동사**

	hablar 말하다	comer 먹다	escribir 쓰다
(tú)	no hables	no comas	no escribas
(él, ella, usted)	no hable	no coma	no escriba
(nosotros/-as)	no hablemos	no comamos	no escribamos
(vosotros/-as)	no habléis	no comáis	no escribáis
(ellos/-as, ustedes)	no hablen	no coman	no escriban

- **불규칙 동사**

decir 말하다	no digas	no diga	no digamos	no digáis	no digan
hacer 하다, 만들다	no hagas	no haga	no hagamos	no hagáis	no hagan
ir 가다	no vayas	no vaya	no vayamos	no vayáis	no vayan
irse 떠나가다	no te vayas	no se vaya	no vayamos	no vayáis	no se vayan
poner 놓다	no pongas	no ponga	no pongamos	no pongáis	no pongan
salir 나가다	no salgas	no salga	no salgamos	no salgáis	no salgan
venir 오다	no vengas	no venga	no vengamos	no vengáis	no vengan

명령형

1 명령형은 친밀한 상황에서 명령을 할 때 사용합니다. 예를 들어 부모가 자녀에게, 선생님이 학생에게 말할 때 사용합니다.

- *Para mañana **haced** todos los ejercicios de la página 30.*
  너희 내일까지 30쪽의 모든 연습 문제를 풀어 오렴.

2 또한 지시를 할 때도 사용합니다.

- ***No entren ni salgan** después del toque de silbato.*
  당신들은 경적 신호 이후에 들어오거나 나가지 마세요.

3 광고 등에서 조언을 할 때도 사용합니다.

- ***Venga** a vernos y le informaremos.*
  저희를 방문하세요, 그러면 안내해 드릴 것입니다.

4 1인칭 복수형(nosotros)은 거의 사용되지 않으며, 대부분 정해진 표현에서만 쓰입니다.

- ***Vayamos** por partes, primero vamos a hablar de...*
  차근차근 해 봅시다, 먼저 ~에 대해 이야기해 봅시다.

- *Bueno, si estamos listos, **pongamos** manos a la obra.*
  자, 준비되었으면, 시작합시다.

5 명령형이 대명사와 함께 쓰일 때

  – 긍정 명령문에서는 대명사가 동사 뒤에 붙고 한 단어로 씁니다.

  – 부정 명령문에서는 대명사가 동사 앞에 옵니다.

- ***Quítate** las gafas.* 안경을 벗어라.

- ***No te quites** las gafas.* 안경을 벗지 마라.

- ***Dale** tu papel a tu compañero.* 짝에게 종이를 주어라.

- ***No le des** tu papel a tu compañero.* 짝에게 종이를 주지 마라.

- ***Díselo** todo.* 그에게 그것을 모두 말해라.

- ***No se lo digas** todo.* 그에게 그것을 모두 말하지 마라.

(이 내용은 이전 단계인 elemental 교재 Tema 26, 27에서 다시 확인할 수 있습니다.)

1. 예시와 같이 긍정 명령형을 쓰세요.

1. (Tú) Ven a casa a las 5.

2. (Vosotros) _______________ (levantar) los brazos.

3. (Ustedes) _______________ (mirar) a la derecha.

4. (Usted) _______________ (sacar) los billetes de avión.

5. (Tú) _______________ (cerrar) tus libros.

6. (Vosotras) _______________ (hacer) los deberes.

7. (Tú) _______________ (mover) las piernas.

8. (Vosotros) _______________ (pedir) el menú.

9. (Usted) _______________ (ir) a la biblioteca.

10. (Ustedes) _______________ (escuchar) lo que dicen.

11. (Tú) _______________ (salir) a la calle.

12. (Vosotras) _______________ (entrar) en casa.

13. (Ustedes) _______________ (ver) las noticias.

14. (Tú) _______________ (comprar) el periódico.

정답 수: .... /13

2. 상자에서 알맞은 명령형을 찾아 다음 경고문을 완성하세요.

> se asome   hable   conduzca   cierre
> llame   **pise**   tire   toque

1. No pise el césped.

2. No _______________ papeles al suelo.

3. No _______________ , peligro de muerte.

4. Por favor, no _______________ alto.

5. _______________ antes de entrar.

6. _______________ la puerta con cuidado.

7. _______________ con precaución, hay hielo.

8. No _______________ a la ventana, es peligroso.

정답 수: .... /7

3. 예시와 같이 빈칸에 알맞은 명령형을 쓰세요.

긍정	부정	
	Usted	Ustedes
1. Espere.	*No espere.*	*No esperen.*
2. Firme aquí.	___________	___________
3. ___________	No traiga el informe.	___________
4. Pase por aquí.	___________	___________
5. ___________		No repitan.

정답 수: ……… /8

4. 다음 지시문을 부정 명령형으로 쓰세요.

1. Ven a casa a las 5.   *No vengas a casa a las 5.*

2. Levanta la cabeza.

3. Mira allí.

4. Saca la lengua.

5. Recoge tus cosas.

6. Haz los deberes.

7. Mueve las piernas.

8. Espera en la cafetería.

9. Ve a clase.

10. Escucha lo que dicen.

11. Sal de aquí.

12. Entra en casa.

13. Pasa por ahí.

14. Compra el periódico.

15. Llama a tu madre.

16. Pon la radio.

17. Apaga la luz.

18. Abre las ventanas.

19. Responde al teléfono.

20. Habla con tu jefe.

정답 수: ……… /19

5. 예시와 같이 vosotros/as 형태로 빈칸을 완성하세요.

1. Dejad los abrigos ahí.   *No dejéis los abrigos ahí.*

2. Abrid el cuaderno.

3. ______________________   No cerréis el libro.

4. ______________________   No escuchéis esa canción.

5. Venid pronto.

6. ______________________   No habléis alto.

7. Esperad al autobús.

8. Id andando.

정답 수: .... /7

6. 예시와 같이 다음 긍정 명령형을 부정 명령형으로 바꾸세요.

1. Cállate.   *No te calles.*

2. Tómese estas pastillas.

3. Lavaos las manos.

4. Fijaos en esta imagen.

5. Siéntese ahí.

6. Tomaos toda la sopa.

7. Báñate ya.

8. Sécate el pelo.

9. Deténganse.

10. Despídete ya.

11. Vete.

12. Ponte el abrigo.

13. Llévate el paraguas.

14. Pruébese esta chaqueta.

15. Duérmete.

16. Acostaos.

17. Levántate temprano.

18. Dúchate con agua fría.

정답 수: .... /17

7. 예시와 같이 다음 긍정 명령형을 부정 명령형으로 바꾸세요.

1. *Déjame eso ahí.* — *No me dejes eso ahí.*
2. Dime lo que te pasa.
3. Escríbeme otra vez.
4. Dale propina al camarero.
5. Hazle ese favor.
6. Escríbenos.
7. Llámales por teléfono.
8. Diles la verdad.
9. Devuélvele el dinero.
10. Tráeme más pan.
11. Préstales el coche.
12. Regálale otro videojuego.

정답 수: .... /11

8. usted 형태의 부정 명령형을 쓰세요.

1. *Déjeme eso ahí.* — *No me deje eso ahí.*
2. Dígame lo que le pasa.
3. Escríbame otra vez.
4. Dele propina al camarero.
5. Hágale ese favor.
6. Escríbanos.
7. Llámeles por teléfono.
8. Dígales la verdad.
9. Devuélvale el dinero.
10. Tráigame más pan.
11. Présteles el coche.
12. Regálele otro videojuego.

정답 수: .... /11

9. 예시와 같이 다음 긍정 명령형을 부정 명령형으로 바꾸세요.

1. *Dámelo.*　　　　　　　*No me lo des.*
2. Házmela.
3. Póntelo.
4. Díselo.
5. Tráigasela.
6. Hazlo.
7. Páguelo.
8. Échalas.
9. Guárdatelo.
10. Cómpratelas.

정답 수: .... /9

10. 예시처럼 대답하세요. 긍정 또는 부정으로 대답할 수 있습니다.

1. *¿Puedo darles a los niños el helado?*
   Sí, dáselo.　또는　*No, no se lo des.*
2. ¿Puedo ponerme tus gafas de sol?

3. ¿Puedo pagarle el recibo del agua al portero?

4. ¿Le presto el coche a Juan?

5. ¿Puedo llevarme el periódico a mi habitación?

6. ¿Le doy a Ernesto los 600 euros?

7. ¿Te hago ya la cena?

8. ¿Puedo decirle a mi amiga Marisa que venga?

9. ¿Les digo a los niños que se vayan?

정답 수: .... /8

TEMA 6　　총 정답 수: .... /110

Tema 7

U 전치사 A, CON, DE, EN, POR, PARA

El ladrón debió de entrar por la ventana.

| 도둑은 창문으로 들어온 게 분명해요.

Vamos a brindar por el éxito del disco.

| 우리 음반의 성공을 위해 건배합시다.

La riada arrastró los coches hasta el mar.

| 홍수가 자동차들을 바다까지 휩쓸고 갔어요.

| 세탁용 표백제 '플림'

Los bomberos ya se dirigen hacia el lugar del incendio.

| 소방관들은 이미 화재 현장으로 향하고 있습니다.

Juan Carlos es insoportable, siempre se está quejando de todo.

후안 카를로스는 정말 참기 어려운 사람이에요. 항상 모든 것에 대해 불평하고 있어요.

Ernesto se ha enamorado de su vecina.

에르네스토는 이웃 여자에게 사랑에 빠졌어요.

많은 동사들은 보통 특정 전치사와 함께 쓰이거나, 반드시 어떤 전치사를 필요로 합니다. 예를 들어, confiar(믿다) 동사는 항상 전치사 en을 필요로 합니다. 어떤 동사가 어떤 전치사와 함께 쓰이는지는 사전을 통해 확인해야 합니다.

가장 자주 쓰이는 전치사와 동사들

전치사 a와 함께 쓰이는 동사들

invitar(초대하다), parecerse(닮다), asistir(참석하다), ayudar(돕다), jugar(놀다 · 경기하다), conectarse(접속하다), dedicarse(전념하다) 등

a + 동사 원형 구조로 쓰이는 동사들

empezar(시작하다), acostumbrarse(익숙해지다), atreverse(감히 ~하다), obligar(의무를 지게 하다, 강요하다), enseñar(가르치다), aprender(배우다) 등

- *Lucas no **se parece a** Laura. Son muy diferentes.*
  루카스는 라우라를 닮지 않았어요. 둘은 매우 달라요.

- *¿Vas a **asistir a** la conferencia sobre bioética?*
  너는 생명 윤리에 대한 강연에 참석할 거니?

- ***Hemos empezado a** hacer deporte esta semana.*
  우리는 이번 주에 운동을 하기 시작했어요.

- *María **ha aprendido a** tocar la guitarra.*
  마리아는 기타 치는 법을 배웠어요.

전치사 con과 함께 쓰이는 동사들

soñar(꿈꾸다), conformarse(만족하다), casarse(결혼하다) 등

- *Hoy **he soñado con** el mar.*
  오늘 나는 바다에 대한 꿈을 꿨어요.

- *¿Sabes que Roberto **se ha casado con** Bea?*
  로베르토가 베아와 결혼했다는 것 알아?

전치사 de와 함께 쓰이는 동사들

enamorarse(사랑에 빠지다), saber(알다), tener miedo(두려워하다), acabar(끝내다), abusar(남용하다), depender(의존하다), reírse(웃다), quejarse(불평하다), enterarse(알게 되다), lamentarse(한탄하다), acordarse(기억해 내다), olvidarse(잊어버리다), despedirse(작별하다), cansarse(지치다) 등

- *Elena **se enamoró de** Víctor el año pasado.*
  엘레나는 작년에 빅토르와 사랑에 빠졌어요.

- *No entro ahí. **Tengo miedo de** la oscuridad.*
  나는 거기에 들어가지 않아요. 어둠이 무서워요.

전치사 en과 함께 쓰이는 동사들

confiar(믿다), insistir(고집하다), pensar(생각하다), creer(믿다), fijarse(주의를 기울이다), participar(참가하다) 등

- *No te preocupes. Debes **confiar en** la policía.*
  걱정하지 마. 경찰을 믿어야 해.

- *¿Vas a **participar en** el concurso de baile?*
  춤 대회에 참가할 거니?

전치사 por와 함께 쓰이는 동사들

preocuparse(걱정하다), brindar(건배하다), luchar(싸우다), optar(선택하다), preguntar(묻다) 등

- *Está muy nerviosa. **Se preocupa por** todo.*
  그녀는 매우 긴장해 있어요. 모든 것을 걱정해요.

- *Muchas ONG **luchan por** el bienestar de las personas.*
  많은 비정부 기구가 사람들의 복지를 위해 싸운다.

전치사 관용구

전치사와 명사가 결합되어 만들어진 고정된 표현들이 많이 있습니다. 그중 일부는 비유적인 의미를 가지므로, 뜻을 사전에서 찾아봐야 합니다.

a máquina 기계로	*por correo* 우편으로
de rodillas 무릎을 꿇고	*a cántaros* 억수같이
de memoria 암기해서, 완전히 외워서	*por los codos* 아주 많이, 엄청나게
por casualidad 우연히	

- *Hoy está lloviendo **a cántaros** (mucho).*
  오늘은 비가 억수같이 내리고 있어요.

- *Mis hijos aprenden todo **de memoria**.*
  내 아이들은 모든 것을 외워서 배워요.

1 A

목적지

- *Este tren no va **a Sevilla**.* 이 기차는 세비야로 가지 않아요.

시간

- *Llegaré **a las 10**.* 열 시에 도착할 거예요.

목표 / 목적 / 간접 목적어

- *Voy **a ver** el partido de tenis.* 나는 테니스 경기를 보러 가요.
- *¿**A** usted le gusta el tenis?* 당신은 테니스를 좋아하나요?

사람을 직접 목적어로 쓸 때

- *El embajador no pudo recibir **a los invitados**.* 대사는 손님들을 맞이할 수 없었습니다.

가격 / 날짜 / 거리 / 온도를 나타낼 때 동사 estar(~이다 (상태), ~에 있다)와 함께

- *¿**A cuánto** están hoy las naranjas?* 오렌지는 오늘 얼마예요?
- *Hoy estamos **a 23 de septiembre**.* 오늘은 9월 23일이에요.
- *Barcelona está **a 650 km** de Madrid.* 바르셀로나는 마드리드에서 650km 떨어져 있어요.
- *¡Qué calor!, estaremos **a 40 grados** por lo menos.*
  정말 덥네요! 최소한 40도는 될 거예요.

2 CON

동반

- *Me quedé en casa **con mi familia**.* 나는 가족과 함께 집에 있었어요.

수단 / 방식

- *Mi hijo solo hace fotos **con el móvil**.* 우리 아이는 휴대전화로만 사진을 찍어요.
- *Hizo los ejercicios **con rapidez**.* 그는 빠르게 연습을 했어요.

3 DE

소유

- *¿**De** quién es este libro? ¿Es **de Beatriz**?*
  이 책은 누구 것인가요? 베아트리스의 것인가요?

재료

- *Se ha comprado unas botas **de piel**.* 그는 가죽 부츠를 샀다.

출신 / 출처

- *Llegué ayer **de Cádiz**.* 나는 어제 카디스에서 왔어요.

시간 / 하루의 시각 (시간 표현)

- *Trabajamos **de lunes a viernes**.* 우리는 월요일부터 금요일까지 일해요.

- *Salimos a las 6 **de la tarde**.* 우리는 오후 6시에 나가요.

방식

- *Siembre duerme **de lado**.* 그는 항상 옆으로 자요.

묘사 / 직업 (동사 estar(있다)와 함께)

- *Es una mujer **de ojos claros** y **de pelo rizado**.*
  그녀는 눈이 밝고 곱슬머리인 여자예요.

- *Es cocinero, pero está **de camarero** ahora.*
  그는 요리사지만 지금은 웨이터로 일하고 있어요.

4 DESDE

시간적 · 공간적 출발점

- *Viene en tren **desde Zaragoza**.*
  그는 사라고사에서 기차를 타고 와요.

- *Veraneamos en Santander **desde 1980**.*
  우리는 1980년부터 산탄데르에서 여름을 보내고 있어요.

5 EN

장소 (위치)

- *Está **en** el dormitorio, **en la cama**.*
  그는 침실에, 침대 위에 있어요.

시간

- *Nació **en 1980, en primavera**.*
  그는 1980년에, 봄에 태어났어요.

교통수단

- *Siempre vengo **en bicicleta**, es más ecológico.*
  나는 항상 자전거로 와요. 더 친환경적이에요.

6 HACIA

방향 / 장소

- *Ha habido un incendio en tu barrio y los bomberos ya van **hacia allí**.*
  너희 동네에 화재가 나서 소방관들이 이미 그쪽으로 가고 있어.

- *Cuando empezó a cantar, todos se dirigieron **hacia el escenario**.*
  그가 노래를 시작하자 모두 무대를 향해 갔어요.

시간 (대략적인 시점)

- *No sé, pero creo que vi mi primera exposición de Picasso **hacia 1956**.*
  정확하지는 않지만, 내 첫 피카소 전시는 1956년쯤 본 것 같아요.

7 HASTA

시간적 · 공간적 한계

- *Te esperaré **hasta las 5**. Luego me iré.*
  5시까지 널 기다릴 게. 그 후에 떠날 거야.

- *El autobús no podrá llegar **hasta allí**.*
  버스는 거기까지 갈 수 없을 거예요.

8 PARA

목적 / 의도

- *Este teléfono no sirve **para nada**, está estropeado.*
  이 전화기는 아무 소용이 없어요. 고장 났어요.

- ***Para ser ingeniero** hay que estudiar mucho.*
  엔지니어가 되려면 공부를 많이 해야 해요.

방향 / 장소

- *Ya que vas **para la cocina**, llévate esto, por favor.*
  부엌으로 가는 김에 이것 좀 가져가 줘. 부탁해.

시간

- *¿Podría limpiarme este traje **para mañana**?*
  이 옷을 내일까지 세탁해 주실 수 있나요?

- ***Para el mes que viene** tengo tres conciertos.*
  다음 달에는 공연이 세 번 있어요.

9 POR

원인

- *Vamos a brindar **por el éxito** del disco.*
  앨범의 성공을 위해 건배해요.

- *Lo han despedido del trabajo **por vago**.*
  그는 게을러서 해고당했어요

장소

- *El gato debió de entrar **por la ventana**.*
  고양이는 창문으로 들어온 것이 분명해.

- *¿Te gusta pasear **por el campo**?*
  너는 들판을 산책하는 것을 좋아하니?

수동태의 행위자

- *El concierto ha sido dirigido **por Luis Cobos**.*
  그 콘서트는 루이스 코보스에 의해 지휘되었어요.

가격

- *¡Qué barato! Me he comprado una camisa **por 6 euros**.*
  정말 싸네요! 저는 셔츠를 6유로에 샀어요.

1. 상자에서 알맞은 전치사를 찾아 문장을 완성하세요.

> *a   de   con   en   por   hasta*

1. *¿Te has fijado en el traje tan antiguo que lleva Marta?*
2. Todo el mundo dice que yo me parezco mucho _______ mi abuelo.
3. Ignacio se ha enamorado _______ su profesora.
4. Cristina es extraordinaria, entiende _______ cocina, _______ ordenadores, _______ pintura…
5. Cuando comenzó _______ llover, nos fuimos.
6. En un momento, el garaje se llenó _______ agua.
7. Para mi cumpleaños, os invitaré _______ mi fiesta _______ todos.
8. Todos los niños tienen miedo _______ los monstruos _______ los 4 años.
9. Yo me cansé _______ explicártelo todo, pero no me hiciste caso.
10. Los dos equipos lucharon duramente _______ el trofeo.
11. Confiamos _______ que todo se arregle pronto.
12. No me extraña que Juan esté enfermo, siempre ha abusado _______ las grasas.
13. No debes tener miedo _______ nada, hijo mío.
14. Juana, ha venido un hombre preguntando _______ ti.
15. Nosotros, antes, siempre íbamos _______ vacaciones _______ Cádiz.
16. La Rioja es famosa _______ sus vinos.
17. ¿Sabes _______ quién se ha casado Pedro?
18. Al final, estoy muy contento _______ haber encontrado un trabajo.
19. No te preocupes _______ Pablo. Él sabrá resolver la situación.
20. Los invitados brindaron _______ los novios.
21. Nadie se ha enterado _______ la noticia.
22. Siempre se queja _______ lo que hacen sus colegas.
23. Debemos soñar _______ cosas posibles.
24. Mi novio es biólogo, pero está _______ jardinero.
25. Tenías que haber insistido _______ hablar con ella.
26. Aunque ese chico te ha dejado, disfruta _______ lo que tienes: tus amigos, tu familia.

정답 수: .... **/30**

2. 전치사 **por** 또는 **para**로 완성하세요.

1. *Esta crema sirve para protegerse del sol.*
2. _______ este camino llegaremos antes.
3. El ratón debió de entrar _______ la rendija de la puerta.
4. _______ 60 euros me compré unos pantalones y una blusa.

5. ___________ mucho que trabajes, nunca te harás rico.

6. ___________ llegar allí, tendrás que pasar ___________ aquella parte.

7. El agua es imprescindible ___________ la vida.

8. ___________ Navidades iré a ver a mis padres.

9. Papá dijo que la bicicleta era ___________ mí.

10. ___________ ser bailarín hay que sacrificarse mucho.

11. ___________ ese camino, llegarás antes.

12. Este aparato no sirve ___________ nada.

13. Yo no me iría de casa de mis padres ___________ nada del mundo.

14. Use lejía PLIM ___________ quitar las manchas de su ropa.

15. Vino a casa ___________ decirme que se divorciaba.

16. Esto te ha pasado ___________ no decirme antes la verdad.

17. • ¿___________ cuándo me arreglarán las gafas?

   • ___________ dentro de una hora.

18. Este jamón ibérico lo reservo ___________ los amigos.

19. El teléfono fue inventado ___________ Bell.

20. Alguien dijo: «No hay amor más grande que dar la vida ___________ un amigo».

정답 수: .... /21

---

3. 상자 A에서 동사, 상자 B에서 전치사를 찾아 알맞은 시제로 바꿔 문장을 완성하세요.

A   *atreverse   hablar   obligar   depender   despedirse
     insistir   acostumbrarse   **quejarse**   optar   soñar*

B   *a   de   por   en   con*

1. *Los clientes vinieron a quejarse del mal trato recibido.*

2. Cuando me detuvo por exceso de velocidad, no ___________ protestar.

3. El libro que estoy leyendo ahora ___________ la igualdad.

4. Mi pediatra siempre ___________ la importancia de la alimentación del niño.

5. En la escuela, cuando éramos pequeños, nos ___________ estudiar de memoria todos los nombres de ríos, capitales, países, etc.

6. Yo siempre ___________ tener una casa al lado del mar.

7. Mi hijo mayor no sabía qué hacer y, al final, ___________ estudiar Matemáticas.

8. No sé qué hacer en vacaciones. ___________ mis padres.

9. Los novios se marcharon de su fiesta sin ___________ nadie.

10. Mi marido ___________ comer con poca sal cuando estuvo haciendo régimen.

정답 수: .... /9

4. 전치사 **hacia** 또는 **hasta**로 완성하세요.

1. *¿Hasta qué hora está abierto el museo?*

2. Los bomberos ya van __________ el lugar del incendio.

3. Joaquín no llegó anoche a casa __________ las 2 de la mañana.

4. Cuando oímos el ruido, todos miramos __________ arriba, pero no vimos nada.

5. El agua no podía ir __________ arriba porque no había presión.

6. No sé, pero creo que la fiesta terminó __________ las 2 o las 3 de la mañana.

7. Eso lo entiende __________ un niño pequeño.

8. • ¿A dónde vas de vacaciones?

   • No sé, de momento vamos __________ el norte y luego ya veremos.

9. No saldrás a la calle __________ que no termines los deberes.

10. Cuando vio a su padre, fue corriendo __________ él.

정답 수: .... **/9**

5. 전치사 **por / de / con / en / a**로 다음 질문을 완성하세요.

por de con en a

1. *¿Por quién brindamos?*

2. ¿ __________ quién se ha enamorado Soledad? Está todo el día en las nubes.

3. ¿ __________ qué te quejas?, tienes un buen trabajo, una casa, un coche.

4. ¿ __________ qué nos vas a invitar el día de tu cumpleaños?

5. ¿ __________ qué año naciste?

6. ¿ __________ qué tienes miedo?

7. ¿ __________ quién se casó Luis Ángel?

8. ¿ __________ quién preguntaba el cartero?

9. ¿ __________ qué pensabas?

10. ¿ __________ qué trataba la película que visteis ayer?

11. ¿ __________ dónde pasa este tren?

12. ¿ __________ quién se parece tu hijo?

13. ¿ __________ quién tienes miedo?

14. ¿ __________ qué vas a trabajar?

15. ¿ __________ quién te has despedido antes de salir?

정답 수: .... **/14**

6. 상자에서 알맞은 표현을 찾아 문장을 완성하세요.

> *de noche*   **de rodillas**   *de cerca*   *sin rodeos*   *en forma*
> *de memoria*   *de milagro*   *a oscuras*   *a carcajadas*   *en paz*   *de miedo*

1. No iré a su fiesta aunque me lo pida de rodillas.

2. Por favor, déjame _________________, ya estoy cansado de tus mentiras.

3. No hace falta que pongas el GPS, conozco este camino __________, he venido muchas veces.

4. Ya veo que vas al gimnasio todos los días. ¡Estás _________________!

5. Mi hermano, cuando hay tormenta, se muere _______________.

6. El accidente fue terrible, los viajeros se salvaron _______________.

7. Dice un refrán que «_______________ todos los gatos son pardos», es decir, que, en la oscuridad, todo es igual, no se distingue nada.

8. No encendí la luz porque Luis estaba durmiendo y salí de la habitación _______________.

9. Estas gafas no son para la miopía, son para ver _______________.

10. Háblame directamente, _______________.

11. La obra era divertidísima, el público se reía _______________.

정답 수: .... /10

7. 알맞은 전치사로 다음 광고문을 완성하세요.

> *a* (2) *al* (1) *de* (11) *del* (2)
> *en* (5) *para* (2) *ante* (1)

INTERFLORA CONQUISTA

________ cualquier momento y ________ cualquier lugar, porque siempre hay un motivo ________ compartir alegría. Detrás ________ Interflora hay un mensaje que no conoce fronteras y acerca ________ las personas. Un mensaje que siempre será bien recibido.

Y TE INVITA A HAWÁI

Con cada envío ________ Interflora podrás participar ________ el sorteo ________ un magnífico viaje ________ Hawái ________ diez días ________ dos personas, que se celebrará ________ notario el 31 ________ enero ________ 2011.

Disfruta ________ encanto ________ las paradisíacas islas, ________ las flores y ________ las exóticas playas ________ Pacífico ________ uno ________ los hoteles más lujosos ________ Hawái. Solicita tu cupón ________ cualquier floristería Interflora ________ hacer el encargo.

정답 수: .... **/24**

미래 완료

¡Qué despistado soy! ¿Dónde habré puesto las gafas?
내가 어쩜 이리 덤벙대지! 안경을 어디에 뒀을까?

Yo creo que para el 2030 no habrán acabado estas obras.
나는 2030년까지도 이 공사가 끝나지 않았을 것이라 생각해.

미래 완료

'동사 haber의 단순 미래형 + 과거 분사'로 구성됩니다.

haber의 미래 시제	과거 분사
habré	
habrás	
habrá	cantado / comido / subido
habremos	
habréis	
habrán	

미래 완료

1 미래에 일어날 행동이지만, 또 다른 미래의 행동보다 앞서 먼저 끝나 있을 것을 말할 때 사용합니다.

- *Llegaré a casa a las 10. ¿A esa hora **habrás hecho** la cena?*
  나는 10시에 집에 도착할 거야. 그 시간이면 네가 저녁을 다 해 놓았을까?

- *Dentro de tres meses ya **habrán acabado** las obras de la calle.*
  3개월 안으로 도로 공사는 이미 끝나 있을 거예요.

단순 미래, 미래 완료, 가능법

1 현재나 과거에 대한 추측을 말할 때 사용합니다.

- *¿Has visto a la niña?*
  그 아이를 봤어?

- *No, pero **estará** arriba, en su habitación (= creo que está arriba ahora).*
  아니, 하지만 자기 방에 있을 거야. (= 지금 위에 있다고 생각해.)

- *¿Qué hora es?*
  지금 몇 시예요?

- *Son las 7 de la tarde. A estas horas Pedro ya **habrá llegado** a París (= creo que ha llegado a París ya).*
  오후 7시예요. 이 시간쯤이면 페드로는 이미 파리에 도착했을 거예요. (= 이미 도착했다고 생각해요.)

- *Ayer por la tarde llamé a Concha y no estaba en casa.*
  어제 오후에 콘차에게 전화했는데 집에 없었어요.

- ***Estaría** en clase de pilates (= creo que estaba en clase ayer).*
  필라테스 수업 중이었을 거예요. (= 어제 수업 중이었다고 생각해요.)

2 이 표현들은 대답을 기대하지 않는 질문에도 자주 쓰이며, 추측을 나타냅니다.

- *No encuentro mi cartera, ¿dónde la **habré puesto**?*
  지갑을 못 찾겠네, 내가 그것을 어디에 뒀을까?

- *Ayer no vi a la vecina en todo el día, ¿dónde **estaría**?*
  어제 하루 종일 이웃 여자를 못 봤는데, 그녀는 어디에 있었을까?

- *Emilio, llaman a la puerta, ¿quién **será** a estas horas?*
  에밀리오, 누가 초인종을 눌렀어요, 이 시간에 누굴까요?

1. 예시와 같이 미래 완료 시제로 완성하세요.

1. Escribir, ellos   *habrán escrito.*
2. Recibir, ella
3. Abrir, yo
4. Leer, tú
5. Llevar, nosotros
6. Ir, usted
7. Empezar, él
8. Ver, vosotros
9. Llegar, yo
10. Estar, ellos

정답 수: ……… /9

2. 예시와 같이, 안드레스가 올해 가지고 있는 계획을 쓰세요.

1. Haré una figura de cerámica a la semana.
   Al final del año habrá hecho cincuenta y dos figuras.
2. Nadaré 1.500 metros a la semana.

3. Ahorraré 120 euros al mes.

4. Compraré 2 discos al mes.

5. Leeré 1 libro en español al mes.

정답 수: .... **/4**

3. 직접 질문을 추측 질문으로 바꾸세요. 동사의 시제에 주의하세요.

1. ¿Qué hora es?
  ¿Qué hora será?
2. ¿Cuánto le ha costado el coche a Juan?
  ¿Cuánto le habrá costado el coche a Juan?
3. ¿Dónde vivió Filomeno antes de venir aquí?
  ¿Dónde viviría Filomeno antes de venir aquí?
4. ¿Qué hace Rafa por las tardes?

5. ¿De quién es esta película tan mala?

6. ¿Dónde he puesto mis gafas?

7. ¿Para qué fue Paco a casa de Pepa?

8. ¿Quién te mandó comprar ese aparato?

9. ¿Para qué ha llamado Constancio?

10. ¿Dónde están las llaves de la puerta?

11. ¿Por qué no ha llamado Marina?

12. ¿Por qué dijo Sonia aquello?

13. ¿Quién viene a estas horas a casa?

14. No sé a quién se parece este niño tan inteligente.

15. ¿Quién le dijo a Luisa dónde vivimos?

16. ¿Cuánto cuesta esa cazadora de cuero?

17. ¿Quién me mandó a mí hacer eso?

18. ¿Cuándo ha salido el niño?, he oído la puerta.

19. ¿A qué hora llegó la vecina a casa?

20. ¿Dónde estaba mi madre ayer, cuando la llamé?

정답 수: ....   /17

4. 상황에 맞게 추측문을 만드세요.

1. • *¡Qué raro! Andrés lleva unos días sin saludarme. (enfadarse)*
   • *No te preocupes, se habrá enfadado por algo, pero ya se le pasará.*

2. • ¡Qué raro! He llamado a mis hermanos y no contestan.
   • No te preocupes, _________________________. (salir a comprar)

3. • ¡Qué raro! Juan y Pepa dijeron que vendrían a comer. Son las 4 y no han llegado.
   • No te preocupes, _________________________ en la carretera.
   (haber atasco)

4. • A este actor lo conozco de toda la vida, ¿cuántos años tendrá?
   • Pues, _________________________ unos 50 años. (tener)

5. • El domingo no vi a M.ª Luz en la fiesta de José Ignacio.
   • _________________________ trabajo y por eso no fue.
   (Tener)

6. • ¡Qué raro! Álvaro no ha venido hoy a trabajar.
   • _________________________ que ir al médico. (Tener)

7. • ¿Has visto qué bien habla chino el hijo de Vicenta?
   • Sí, es verdad, _________________________ en China, porque
   si no... (estar viviendo)

정답 수: ....   /6

TEMA 8   총 **정답 수**: ....   /36

가능법

Por favor, ¿podríais bajar el volumen? Me molesta un poco.

실례지만, 소리를 좀 줄여 줄 수 있나요? 조금 괴롭네요.

Acordaos de que ayer el profesor dijo que llegaría diez minutos más tarde.

어제 선생님이 10분 늦게 올 거라고 말씀하셨다는 것, 기억하세요.

- **규칙 동사**

cantar 노래하다	comer 먹다	subir 오르다
cantaría	comería	subiría
cantarías	comerías	subirías
cantaría	comería	subiría
cantaríamos	comeríamos	subiríamos
cantaríais	comeríais	subiríais
cantarían	comerían	subirían

- **불규칙 동사**

미래 시제와 가능법은 같은 불규칙 변화를 가집니다.

decir 말하다	diría	hacer 하다, 만들다	haría
poder 할 수 있다	podría	poner 놓다, 두다	pondría
saber 알다	sabría	salir 나가다	saldría
tener 가지다	tendría	venir 오다	vendría

가능법

1 가능법은 어떤 행동이 특정 조건에 따라 일어날 수 있는 경우를 말할 때 사용합니다.

- *Si tuviera dinero, me compraría un chalé.*
  돈이 있다면, 별장을 살 거야.

2 조언이나 제안을 할 때, 또는 정중하게 부탁할 때 사용합니다.

- *Yo, en tu lugar, no me pondría esa falda = Yo, (si fuera tú), no me pondría esa falda.*
  내가 너라면 그 치마를 입지 않을 거야. = 나는 (내가 너라면) 그 치마를 입지 않겠다.

- *Yo creo que deberías buscar un trabajo, ¿no?*
  나는 네가 일자리를 찾아야 할 것 같아, 그렇지?

- *¿Podrías traer el periódico?, es que yo no puedo salir.*
  신문 좀 가져다줄 수 있니? 내가 나갈 수가 없어서 그래.

3 간접 화법에서는 다른 사람이 미래에 대해 말한 내용을 전할 때 가능법을 사용합니다.

선생님:

- *Mañana **llegaré** diez minutos más tarde.*
  내일은 10분 늦게 도착할 거예요.

한 학생:

- *¡Qué raro, son las 10 y el profesor no ha llegado!*
  이상하네, 지금 10시인데 선생님이 아직 안 오셨어!

다른 학생:

- *Sí, bueno, ayer dijo que hoy **llegaría** diez minutos más tarde.*
  응, 어제 오늘 10분 늦게 오겠다고 하셨잖아.

1. 알맞은 동사 형태로 완성하세요.

	미래 시제	가능법
1. Lavar	*lavaré*	*lavaría*
2. Hacer	harán	
3. Recoger		recogería
4. Ganar	ganaré	
5. Ser	será	
6. Ver		vería
7. Poner	pondremos	
8. Llover	lloverá	
9. Salir		saldría
10. Saber	sabréis	
11. Realizar	realizaré	
12. Ir		iríamos
13. Abrir	abrirán	
14. Echar	echaré	
15. Llegar		llegaría
16. Arreglar	arreglará	
17. Tocar	tocaremos	
18. Emigrar		emigrarían

정답 수: .... **/17**

2. 상황에 따라 예시와 같이 조언하세요.

1. No sé si estudiar Biología o Medicina. (Biología)
   Yo, en tu lugar, estudiaría Biología.

2. No sé qué hacer, siempre llego tarde a todas partes.
   (Poner una alarma en el móvil) _______________

3. No sé qué ponerme para la boda de Pilar.
   (El traje azul de seda) _______________

4. No sé si reservar habitación en un parador o en un hotel.
   (En un parador) _______________

5. No sé qué regalarle a Juan Antonio.
   (Algo para su despacho) _______________

정답 수: .... /4

3. 이제 같은 일을 하되, '의무'를 강조해서 하세요.

1. Su amigo está tosiendo continuamente y no quiere tomar nada.
   (Yo creo que) deberías ir al médico.

2. Van a cerrar una fábrica y despedir a 9.000 trabajadores.
   Yo creo que el gobierno _______________

3. A un compañero de trabajo le duele la cabeza.
   ____

4. Su amiga está enfadada con su marido y él no ha venido a comer.
   ____

5. Los niños quieren ver la televisión, pero tienen deberes que hacer.
   ____

6. Tu hermano ha suspendido todo, y todavía no ha dicho nada a vuestros padres.
   ____

정답 수: .... /5

4. 이 사람들은 모두 자신이 한 말을 잊어버렸습니다. 다시 상기시켜 주세요.

1. «Os llamaré a las 10».
   Tú dijiste que nos llamarías a las 10.

2. «Te invitaré a mi cumpleaños».
   Tú me dijiste que _______________

3. «No iré a clase mañana».
   Ella me dijo que hoy _______________

4. «Saldremos a las 7».

   Ellos dijeron que _______________________

5. «Nosotros llevaremos la bebida».

   Vosotros _______________________

6. «Yo haré la cena mañana».

   Tú dijiste _______________________

7. «Te esperaremos en la puerta del cine».

   Vosotros dijisteis que _______________________

8. «No volveré a decir mentiras».

   Tú _______________________

정답 수: .... **/7**

5. 동사를 미래 시제 또는 가능법으로 알맞게 쓰세요.

1. *Mi hermana pronto tendrá un hijo. (tener)*

2. Yo que tú le _____________ y _____________ las cosas. (llamar, aclarar)

3. El año que viene _____________ cambiar de casa. Esta es pequeña. (deber, nosotros)

4. Si llaman a la puerta, _____________ . (abrir, nosotros)

5. Si están cansados, no _____________ a la fiesta. (venir, ellos)

6. Carmen dijo que ellos sí _____________ a casa. (venir)

7. Mañana, si no estoy mejor, no _____________ a trabajar. (ir)

8. La profesora de música dijo que hoy _____________ más tarde. (llegar)

9. Yo, en tu lugar, no _____________ a ese correo. (responder)

10. ¿Quieres el periódico?, yo lo _____________ después. (leer)

11. Es un traje precioso, yo que tú, me lo _____________ . (comprar)

12. Alejandro me dijo que él nunca _____________ en una casa así. (vivir)

13. Si necesitan algo, ya nos lo _____________ . (pedir)

14. Yo creo que tú _____________ tener más cuidado con lo que dices. (deber)

15. Sr. Fernández, no _____________ comentar lo que hacemos en esta oficina. (deber)

16. Raquel, _____________ ir a la peluquería, tienes el pelo fatal. (deber)

17. La Sra. Jiménez avisó de que hoy no _____________ a la reunión. (asistir)

18. Mañana _____________ el trabajo que nos queda. (hacer, nosotros)

정답 수: .... **/18**

TEMA 9　　총 **정답 수**: .... **/51**

 접속법 현재

Pues sí, mi hija Elena está buscando trabajo.
¡Ojalá tenga suerte y lo encuentre pronto!

그래요, 우리 딸 엘레나는 지금 일자리를 찾고 있어요.
부디 운이 따라 줘서 빨리 구했으면 좋겠어요!

접속법 현재

- **규칙 동사**

	cantar 노래하다	comer 먹다	vivir 살다
(yo)	cante	coma	viva
(tú)	cantes	comas	vivas
(él, ella, usted)	cante	coma	viva
(nosotros/-as)	cantemos	comamos	vivamos
(vosotros/-as)	cantéis	comáis	viváis
(ellos/-as, ustedes)	canten	coman	vivan

- **불규칙 동사**

직설법 현재에서 모음 변화가 있는 동사들은 접속법 현재에서도 동일하게 변화합니다.

querer 원하다	poder 할 수 있다	jugar 놀다	volar 날다	pedir 요청하다	sentir 느끼다
quiera	pueda	juegue	vuele	pida	sienta
quieras	puedas	juegues	vueles	pidas	sientas
quiera	pueda	juegue	vuele	pida	sienta
queramos	podamos	juguemos	volemos	pidamos	sintamos
queráis	podáis	juguéis	voléis	pidáis	sintáis
quieran	puedan	jueguen	vuelen	pidan	sientan

- **1인칭 단수에서만 불규칙 동사**

직설법 현재의 1인칭이 불규칙일 경우 그 불규칙이 접속법 현재의 모든 인칭에서도 그대로
나타납니다.

직설법 현재	접속법 현재
pongo	ponga
pones	pongas
pone	ponga
ponemos	pongamos
ponéis	pongáis
ponen	pongan

- **특별한 불규칙 동사**

estar ~이다 (상태), ~에 있다	esté	estés	esté	estemos	estéis	estén
haber 있다	haya	hayas	haya	hayamos	hayáis	hayan
ir 가다	vaya	vayas	vaya	vayamos	vayáis	vayan
saber 알다	sepa	sepas	sepa	sepamos	sepáis	sepan
ser ~이다	sea	seas	sea	seamos	seáis	sean

- **스페인어에서 c와 g의 철자 규칙을 기억하세요.**

acercar 가까이하다	acerque	acerques	acerque	acerquemos	acerquéis	acerquen
llegar 도착하다	llegue	llegues	llegue	lleguemos	lleguéis	lleguen
averiguar 조사하다	averigüe	averigües	averigüe	averigüemos	averigüéis	averigüen
recoger 다시 줍다	recoja	recojas	recoja	recojamos	recojáis	recojan

접속법

1 불확실함, 미래, 바람 또는 다른 감정을 표현할 때 사용합니다.

- *No estoy seguro de que Elena **venga** hoy.* 저는 엘레나가 오늘 올지 확신할 수 없어요.
- *Cuando **tenga** tiempo, iré a verte.* 내가 시간이 생기면 너를 만나러 갈게.

2 quizás(아마), tal vez(어쩌면)와 함께 사용하여 가능성과 가설을 표현합니다.

- ***Quizás venga** Marisa esta tarde. Tengo ganas de verla.*
  어쩌면 오늘 오후에 마리사가 올지도 몰라요. 나는 그녀를 보고 싶어요.
- *El niño está llorando. **Tal vez tenga** hambre otra vez.*
  아이가 울고 있어요. 또 배가 고픈지도 몰라요.

3 ojalá(부디 ～하기를)와 함께 사용하여 소망을 표현합니다.

- *Blanca está enferma y tienen que operarla.*
  블랑카는 아파서 수술을 받아야 해요.
- *¡**Ojalá** no **sea** grave!* 부디 심각하지 않기를 바라요.

1. 예시와 같이 주어진 인칭으로 규칙 동사를 완성하세요.

1. *Hablar (yo / nosotros)* — *hable* — *hablemos*
2. Estudiar (tú / ustedes)
3. Leer (ella / vosotras)
4. Comer (él / nosotras)
5. Beber (usted / ustedes)
6. Trabajar (yo / nosotros)
7. Limpiar (tú / ustedes)
8. Escribir (ella / vosotras)
9. Recibir (él / nosotras)
10. Vender (usted / ustedes)
11. Vivir (ella / vosotras)
12. Pintar (él / nosotras)

정답 수: ....   /11

2. 예시와 같이 다음 불규칙 동사의 올바른 형태를 고르세요.

1. *Empezar (yo)*   *empieza / empiece*
2. Salir (ellas)   *salga / salgan*
3. Decir (nosotros)   *digan / digamos*
4. Hacer (yo)   *haga / hago*
5. Oír (tú)   *oiga / oigas*
6. Encontrar (vosotros)   *encuentren / encontréis*
7. Venir (tú)   *venga / vengas*
8. Poder (él)   *puedan / pueda*
9. Conocer (nosotras)   *conozcamos / conozcas*

정답 수: ……… /8

3. 예시와 같이 주어진 인칭으로 다음 동사를 완성하세요.

1. *Ir*   *(yo)*   *vaya*   *(nosotros)*   *vayamos*
2. Ser   (tú)   (nosotros)
3. Estar   (él)   (ustedes)
4. Llegar   (usted)   (vosotros)
5. Volar   (yo)   (nosotras)
6. Jugar   (ella)   (ellas)
7. Recoger   (él)   (ellos)
8. Pedir   (tú)   (vosotras)
9. Tener   (usted)   (nosotros)
10. Saber   (yo)   (ustedes)
11. Poner   (ella)   (ellos)
12. Dormir   (él)   (nosotros)

정답 수: ……… /11

4. 상자에 있는 동사 중 하나를 접속법 현재로 변형해 넣으세요.

encontrar   llegar   **dormir**   dar   tocar   llover

1. *Esta noche necesito dormir. Ojalá duerma bien.*
2. Necesito dinero. Ojalá me _______________ la lotería.
3. Estoy buscando un trabajo. Ojalá _______________ pronto uno.
4. Estoy muy cansado. Ojalá me _______________ vacaciones pronto.
5. Mañana queremos ir a la playa y está nublado. Ojalá no _______________ .

6. Es tardísimo, el tren va a salir. Ojalá (nosotros) ________________ a tiempo.

정답 수: .... /5

5. 상황에 맞게 추측 또는 소망을 표현해 보세요.

1. • *Emilio me ha visto por el pasillo y no me ha saludado, ¡qué raro!*
   • *(estar enfadado) Quizás esté enfadado contigo.*
2. • *Si ese hotel es muy caro, tendremos que ir a una pensión.*
   • *(ser barato) Ojalá sea barato.*
3. • ¿Tú sabes cómo es la nueva profesora?
   • (ser buena) ________________
4. • Federico viene al fútbol todos los domingos y hoy no ha venido.
   • (tener trabajo en casa) ________________
5. • Y tu novio, ¿librará este fin de semana?
   • (no tener guardia) ________________
6. • He visto a Ángela y tiene muy mala cara.
   • (estar enferma) ________________
7. • El avión de Lisboa tenía que haber llegado ya, hace media hora.
   • (llegar pronto) ________________
8. • La niña se ha despertado ya tres veces, ¿qué le pasará?
   • (tener hambre otra vez) ________________
9. • Federico se examina mañana del carné de conducir.
   • (tener suerte) ________________

정답 수: .... /7

6. 각 상황에 대해 추측을 표현하세요.

1. El director general de su empresa quiere hablar con usted.

____

2. Ha quedado para cenar con su mejor amigo y este no llega.

____

3. El perro de su vecina desaparece de repente.

____

TEMA 10 총 **정답 수**: .... /42

U 명사의 성

성

남성	여성
el gato, el peluquero, el escritor 수고양이, 남자 미용사, 남자 작가	**la gata, la peluquera, la escritora** 암고양이, 여자 미용사, 여자 작가
el libro, el piso, el zapato 책, 아파트, 신발	**la mano, la radio, la moto** 손, 라디오, 오토바이
el planeta, el idioma, el problema 행성, 언어, 문제	**la tierra, la lengua, la idea** 땅, 언어, 생각
el hombre, el yerno, el caballo 남자, 사위, 수말	**la mujer, la nuera, la yegua** 여자, 며느리, 암말
el estudiante, el pianista 남학생, 남자 피아니스트	**la estudiante, la pianista** 여학생, 여자 피아니스트

1 사람과 동물의 성별 이름은 항상 실제 성별에 따라 결정됩니다. 남성은 남성형, 여성은 여성형을 사용합니다.

남성형: el hombre 남자, el caballo 수말, el gato 수고양이, el profesor 남교사

여성형: la mujer 여자, la yegua 암말, la gata 암고양이, la profesora 여교사

2 보통 여성형인 경우는 다음과 같습니다.

- 사물 이름 중 -a로 끝나는 경우: la mesa 탁자, la bolsa 가방, la casa 집

  예외) 그리스어에서 온 무생물을 가리키는 경우: el planeta 행성, el tema 주제, el idioma 언어, el problema 문제

- -tad, -dad로 끝나는 명사들: la amistad 우정, la felicidad 행복

- -ción, -sión, -zón으로 끝나는 명사들: la canción 노래, la pasión 열정, la razón 이성

  예외) el corazón 심장, el buzón 우체통

- -tud로 끝나는 명사들: la juventud 젊음, la multitud 군중

3 보통 남성형인 경우는 다음과 같습니다.

- 사물 이름 중 -o로 끝나는 경우: el libro 책, el piso 아파트, el bolso 가방

  예외) la mano 손, la radio 라디오, la moto 오토바이, la foto 사진

- 요일과 달 이름은 남성형입니다.

  - *El lunes fui a Toledo.* 월요일에 톨레도에 갔어요.
  - *Agosto es muy caluroso.* 8월은 매우 더워요.

4 -ista, -ía, -ante로 끝나는 직업명은 남성과 여성 모두 같은 형태를 사용하며, 관사로 성을 구분합니다.

el / la taxista 택시 기사 　　　*el / la policía* 경찰 　　　*el / la cantante* 가수

5 예전에는 많은 직업명이 관사만 바뀌었지만, 현재는 여성형 어미도 허용됩니다.

el médico / la médica 의사(남/여) 　　　*el jefe / la jefa* 사장(남/여)

el juez / la jueza 판사(남/여)

6 남성과 여성이 완전히 다른 형태를 쓰는 단어들도 많습니다.

el gallo / la gallina 수탉/암탉   *el rey / la reina* 왕/여왕

el príncipe / la princesa 왕자/공주

7 남성과 여성을 가리키는 서로 다른 단어가 있는 경우도 있습니다.

el macho / la hembra 수컷/암컷   *el caballo / la yegua* 수말/암말

el toro / la vaca 황소/암소   *el yerno / la nuera* 사위/며느리

8 같은 단어라도 성에 따라 의미가 달라지는 경우도 있습니다.

el manzano / la manzana 사과나무 / 사과
(나무)   (열매)

el pendiente / la pendiente 귀걸이 / 경사
(장신구)   (격차)

9 여성 명사 중 단수형에서 강세가 있는 a, ha로 시작하는 단어들은 el / un을 사용합니다.

el águila / las águilas 독수리   *el agua / las aguas* 물

un aula / unas aulas 교실

하지만 지시어 및 형용사의 연결은 원래의 여성 단수형으로 쓰입니다.

Esta agua está muy fría. 이 물은 매우 차요.

Doy clase en esta aula. 나는 이 교실에서 수업합니다.

예외) 알파벳 이름들 (la hache 아체)

1. 남성형 또는 여성형으로 완성하세요.

1. El escritor	*la escritora*
2. El ______________	la taxista
3. El ______________	la estudiante
4. El juez	la ______________
5. El asistente	la ______________
6. El ______________	la cantante
7. El artista	la ______________
8. El peluquero	la ______________
9. El ______________	la secretaria
10. El modisto	la ______________
11. El cocinero	la ______________
12. El ______________	la diseñadora
13. El modelo	la ______________
14. El poeta	la ______________
15. El ______________	la técnica
16. El arquitecto	la ______________
17. El abogado	la ______________
18. El director	la ______________

정답 수: .... **/17**

2. 정관사 el / la / los / las와 상자에 있는 단어 중 하나로 문장을 완성하세요.

> flores   color   problema   moto   carne
> juventud   dolor   canciones   **radio**   traje

1. Hoy en la radio han dicho que las temperaturas van a subir otra vez.
2. ______________ que comimos el sábado estaba muy buena.
3. No me compré ______________ azul porque era demasiado caro.
4. ¿Has resuelto ya ______________ de Matemáticas?
5. Mi novio tuvo un accidente con ______________ y está grave en el hospital.
6. ______________ de hoy no piensa como nosotros cuando éramos jóvenes.
7. Tómese estas cápsulas, son muy buenas para ______________ de espalda.
8. A mí nunca me ha gustado ______________ rojo.
9. ______________ del nuevo disco no tienen tanto ritmo como las del disco anterior.
10. ¿En qué jarrón pongo ______________ que ha traído Félix?

정답 수: .... **/9**

3. 상자에서 올바른 답을 찾아 문장을 완성하세요.

> el cólera / la cólera   el guía / la guía   el ramo / la rama
> el manzano / la manzana   el capital / la capital   el policía / la policía

1. *Enrique, ¿has comprado la guía para nuestro próximo viaje?*
2. Madrid es ____________ de España.
3. ¿Has visto ____________ de flores que me ha traído mi marido?
4. Cuando llegó ____________ al lugar del crimen, todo había terminado.
5. Loli, cómete ____________ de postre.
6. Recuerdo que en aquel viaje ____________ era muy simpático.
7. El jardinero ha cortado ____________ de todos los árboles del jardín.
8. La familia Valle Espino hizo su ____________ en la postguerra.
9. Los enanitos escondieron a Blancanieves para salvarla de ____________ de su madrastra.
10. Hemos tenido que cortar ____________ porque ya no daba manzanas.

정답 수: .... **/9**

4. 해당하는 여성형 또는 남성형으로 완성하세요.

1. *alcalde*	*alcaldesa*	7. __________	mujer
2. padre	__________	8. príncipe	__________
3. __________	actriz	9. macho	__________
4. toro	__________	10. gallo	__________
5. yerno	__________	11. __________	yegua
6. __________	reina	12. león	__________

정답 수: .... **/11**

5. 다음 명사들 앞에 **el** 또는 **la**를 쓰세요.

1. *el lunes*

2. ____ honor	6. ____ corazón	10. ____ idioma	14. ____ esclavitud
3. ____ mano	7. ____ planeta	11. ____ razón	15. ____ concepto
4. ____ calor	8. ____ corrupción	12. ____ foto	16. ____ buzón
5. ____ multitud	9. ____ caparazón	13. ____ felicidad	17. ____ poema

정답 수: .... **/16**

TEMA 11   총 정답 수: .... **/62**

Tema 12

직접·간접 목적 대명사

직접 목적 대명사

	단수	복수
1인칭	me	nos
2인칭	te	os
3인칭	lo, (le) / la	los, (les) / las

간접 목적 대명사

	단수	복수
1인칭	me	nos
2인칭	te	os
3인칭	le (se)	les (se)

인칭 대명사 (주격과 전치사 없는 목적격)

1 직접 목적 대명사와 간접 목적 대명사는 명사의 반복을 피하기 위해 명사를 대신합니다.

- *Este libro **lo** (el libro) he terminado de leer hoy mismo.*
  나는 이 책을 오늘 바로 다 읽었어요.

2 남성 단수 · 복수 직접 목적 대명사 lo와 los는 사람과 사물 모두에 대해 사용합니다.

- *Y Gerardo, ¿dónde está?* 헤라르도는 어디에 있나요?

- *No sé, hace un rato **lo** vi en su cuarto.* 글쎄요, 조금 전에 그의 방에서 그를 봤어요.

하지만 남성 사람을 가리킬 때는 간접 목적 대명사 le와 les의 형태도 허용됩니다.

- *Y Gerardo, ¿dónde está?* 헤라르도는 어디에 있나요?

- *No sé, hace un rato **le** vi en su cuarto.* 글쎄요, 조금 전에 그의 방에서 그를 봤어요.

3 직접 목적어와 간접 목적어가 동사 앞에 올 때는 대명사 형태로 한 번 더 반복됩니다.

- *Esas naranjas **las** he comprado yo.* 그 오렌지들은 내가 샀어요.
  　　(직 · 목)　　(직 · 목)

- *A mi padre **le** han regalado un portátil.* 사람들이 나의 아버지께 노트북을 선물해 드렸어요.
  　(간 · 목) (간 · 목)

4 간접 목적어가 동사 뒤에 올 때에도 보통 대명사로 한 번 더 나타내며, 의무적이지는 않습니다.

- *¿**(Le)** has pagado **a Pepe** el dinero que le debías?*
  　(간 · 목)　　　　　　(간 · 목)
  페페에게 빌린 돈은 이미 갚았어?

5 직접 목적 대명사와 간접 목적 대명사는 보통 동사 앞에 오지만, 긍정 명령문, 동사 원형, 현재 분사와 함께 쓰일 때는 뒤에 붙습니다.

- *¡Devuélve**selo**!* 그에게 그것을 돌려주어라!

- *¿Puedes devolvér**selo**?*
  그에게 그것을 돌려줄 수 있어?

- *No, estoy haciéndo**los**.*
  아니요, 난 지금 그것들을 하고 있어요.

6 두 대명사가 동시에 나오면, 간접 목적 대명사가 먼저 옵니다.

- *¿Te han dado los resultados?*
  결과를 받았어요?

- *No, **me los** darán el viernes.*
  아니요, 금요일에 그걸 받을 거예요.

7 간접 목적 대명사 다음에 3인칭 직접 목적 대명사(lo, la, los, las)가 오면, 간접 목적 대명사는 se로 형태가 바뀝니다.

- *¿Tú **le** has prestado el coche a mi hermano?* 네가 내 동생에게 차를 빌려줬니?
  (간·목)

- *Sí, **se lo** presté ayer.* 응, 어제 그에게 빌려줬어.
  (간·목) (직·목)

대명사 le와 함께 쓰는 동사 표현

1 gustar처럼 쓰이는 동사들이 많이 있으며, 이런 동사들은 대명사 me, te, le, nos, os, les와 함께 사용합니다.

- *A Juan **le** han dado una buena noticia.* 후안에게 좋은 소식이 전해졌어요.

- *¿No **te** importa lo que diga la gente?* 사람들이 뭐라고 말하든 상관이 없니?

- *A nosotros no **nos** molesta la música muy alta.*
  우리는 음악이 너무 큰 것이 불편하지 않아요.

1. 표시된 단어들을 대명사(lo / la / los / le / les)로 바꾸세요. 대명사의 위치에 유의하세요.

1. *No sé dónde habré puesto las tijeras.*
   No sé dónde las habré puesto.
2. Juan estaba esperando a María.
   ____
3. Todavía no he visto esa película.
   ____
4. No he traído el libro, se me ha olvidado.
   ____
5. He perdido las gafas.
   ____
6. Mis padres siempre invitan a sus vecinos a cenar.
   ____
7. Yo llamé a Pepita por la tarde.
   ____
8. Yo aconsejo a usted que no venda el coche.
   ____

9. Emilia dijo a ellos que no vendría.

10. El padre dio a su hijo un regalo.

11. El guía enseñó todo a los turistas.

12. ¿A usted gustan los toros?

13. Encontré las llaves del cajón de la mesita.

14. Llevé al niño al pediatra a las 3.

15. Regalé a Julián dos entradas para el teatro y no me lo agradeció.

16. Encontrarás el restaurante fácilmente.

17. Todavía no he leído ese artículo.

18. El conferenciante habló a ellos de las últimas corrientes filosóficas.

19. El jefe de personal preguntó a la candidata si tenía experiencia.

20. ¿Has escrito ya a los de Telefónica?

정답 수: .... **/19**

2. 동사를 알맞은 시제로 바꾸고, 해당하는 대명사(me / te / le / nos / os / les)를 넣어 문장을 완성하세요.

1. *¿Es que a vosotros no os importa lo que diga la gente? (importar)*
2. ¿Qué tal Eduardo? A mí no __________ bien, es un pesado. (caer)
3. • ¿Quieres tomar algo?
   • No, gracias, ahora no __________ nada. (apetecer)
4. ¿Quién juega? ¿A quién __________ ahora tirar el dado? (tocar)
5. ¿Sabes que a mis padres __________ una fiesta sorpresa mañana? (hacer)
6. ¿Qué __________ a ti el coche que me he comprado? (parecer)
7. ¿Te has enterado de lo que __________ a Pilar y Carlos? (pasar)
8. Ahora __________ a vosotros contar vuestro viaje. (tocar)
9. Sí, ya sé que a ti no __________ ir a esa cena, pero es importante. (gustar)

10. Yo creo que a Juan Luis no ___________ falta más dinero. Ya tiene bastante. (hacer)

11. Ya veo que a ti no ___________ nada de lo que digo. (interesar)

12. Ya solo ___________ quince días para casarnos. (quedar)

13. Oye, ¿a ti, cuánto dinero ___________? (quedar)

14. No te preocupes, a nosotros no ___________ el coche hoy. (hacer falta)

15. A Julián no ___________ nada para ser feliz. (faltar)

16. A ella ___________ mucho el *piercing* de la nariz. (doler)

17. A ellos ___________ salir por la noche. (encantar)

18. Mamá, estos pantalones no ___________ bien y son muy feos. (quedar)

19. Por favor, bajad la música, a vuestro padre ___________ la cabeza. (doler)

20. No sé, yo creo que la falda ___________ fatal. (sentar)

정답 수: .... /19

3. 알맞은 대명사로 문장을 완성하세요.

1. *Tienes el pelo larguísimo, ¿por qué no te lo cortas?*

2. ¿Te gustan estos cuadros? ___________ ha regalado Rosa para mi cumpleaños.

3. • ¿___________ has dicho a Jorge lo del banco?

   • No, todavía no ___________ he contado, no he tenido tiempo.

4. ¿Conoces a María Jiménez? ___________ vi el otro día en la fiesta de Pepe.

5. • ¿Cuándo podrás acompañar ___________ para ir de compras?

   • No sé, mañana ___________ llamo y ___________ digo.

6. • ¿Qué ___________ vas a regalar a Montse?

   • No sé, todavía no ___________ he pensado.

7. Sara, encima de mi mesa hay un papel, ¿puedes traér___________?

8. José, la leche, ¡tóma___________, por favor!

9. • ¿___________ has explicado a los niños que no pueden salir al jardín?

   • Yo no, dí___________ tú.

10. ¡Qué camisa tan elegante! ¿Cuándo ___________ has comprado?

11. • ¿Qué le ha pasado a tu padre?

   • Mira, que ___________ subió a una escalera, y ___________ cayó de espaldas.

12. Paco, ¿___________ has bebido todo el zumo de naranja?

13. Niños, lava___________ las manos ahora mismo.

14. • Señor Marín, ¿tiene ahí el informe que ___________ pedí?

   • Sí, señor, ___________ traigo ahora mismo.

15. • ¿___________ has pagado al portero los recibos?

   • Claro, ___________ pagué todos el lunes, al volver del banco.

16. • Señora Domínguez, ¿qué ______ parece el ascensor nuevo?

    • ______ encanta, pero a los del primero no ______ ha gustado nada.

17. • Conchi, ¿______ has enterado de que los vecinos ______ han mudado de casa?

    • No ______ extraña nada, ______ llevaban muy mal con todo el mundo.

18. ¿Cuánto ______ ha costado el ordenador nuevo (a ti)?

19. Ella nunca ______ perdonó a su madre no poder dedicar ______ al cine.

20. • Oye, ¿______ prestas el coche?

    • Lo siento, no ______ tengo yo, ______ ha llevado mi marido.

정답 수: .... **/35**

4. 예시와 같이 대명사를 알맞은 위치에 놓아 문장을 다시 쓰세요.

> *1. Valeriano vendió el piso a sus cuñados.*
> *Valeriano les vendió el piso a sus cuñados.*

2. Llegamos tarde. Mejor esperad en el restaurante (a nosotros).

3. Di a María que escriba pronto (a mí).

4. Camarero, traiga un poco más de pan, por favor. (a nosotros).

5. Da igual si sale o no con ese chico (a sus padres).

6. Te voy a contar un secreto, pero no digas a nadie.

7. Pedro regaló a su hermano un nuevo videojuego.

8. Cuando era pequeño, mi padre no permitía comer dulces (a mí).

9. Ella fue de la fiesta porque no sentía bien.

10. Yo envié un correo, pero no contestaron (a ellos).

11. Esta película es muy mala, no vayas a ver.

12. A Ignacio no han dado el trabajo que pidió.

13. A ellos interesa que ese negocio salga adelante.

14. A mí no dejan salir después de las doce de la noche.

15. Tranquilo, ya sabes que no voy a decir nada a nadie.

16. La comida está lista, lleva a la mesa.

17. Cuando era pequeña, su abuela siempre hacía paella los domingos. (a ella).

18. Ella dejó los informes sobre la mesa (a su jefa).

19. Este trabajo es muy aburrido, no digas a nadie.

20. A mi hermana no han llamado para la entrevista.

정답 수: .... /19

5. 대명사를 넣어 문장이 자연스럽도록 다음 글을 완성하세요.

• Aquella noche _____ dije a mi padre que necesitaba leer. Mi padre _____ escuchó, _____ dijo que bueno y al día siguiente llamó al profesor para preguntar_____ qué libros _____ convenían. El profesor hizo una lista y _____ _____ entregó a mi padre, que inmediatamente compró los tres primeros. El primero no _____ interesó especialmente, pero _____ leí entero. Cuando mi padre _____ preguntó si me había gustado, _____ contesté que sí.

• Aquella tarde estábamos juntos Ricardo y _____, cuando pasó don Benito. Al ver_____, _____ acercó. Yo _____ presenté a mi amigo y este _____ dio la mano. Don Benito accedió a sentar_____ con nosotros para charlar. _____ dijo que _____ gustaba mucho la poesía y que pronto saldría a la calle un libro suyo. «Vengan, _____ invito a café», dijo, y _____ llevó al bar.

정답 수: .... /21

TEMA 12 총 **정답 수**: .... /113

간접 화법 I

Si no apruebas las Matemáticas,
no te compraremos la moto.

수학을 통과하지 못하면 우린 너에게
오토바이를 사 주지 않을 거야.

Mi padre me dijo anoche que si no aprobaba
las Matemáticas no me comprarían la moto.

아버지는 어젯밤에 내가 수학을 통과하지 못하면 그분들이
나에게 오토바이를 사 주지 않겠다고 말씀하셨어요.

¡Ni hablar!
Yo en este restaurante no entro.

말도 안 돼요! 저는 이 식당에 들어가지 않을 거예요.

Y entonces ella me dijo que en ese
restaurante no entraba.

그러자 그녀는 나에게 그 식당에는
들어가지 않겠다고 말했어요.

정보 전달 동사 + que + 직설법		
직접 화법(직설법)	도입 동사	간접 화법(직설법)
현재 / 과거 미래	현재 / 현재 완료	현재 / 과거 미래
현재 현재 완료 단순 과거 불완료 과거 미래	현재 완료 / 불완료 과거 / 단순 과거 / 과거 완료	불완료 과거 과거 완료 / 단순 과거 과거 완료 / 단순 과거 불완료 과거 가능법

간접 화법에서는 말하는 사람이 다른 사람의 메시지를 몇 가지 변화(시제, 인칭, 지시어 등)를 거쳐 전달합니다.

1

직접 화법	간접 화법

Él dice/ha dicho:
그는 말한다/말했다.

Él dice/ha dicho que...
그는 ～라고 말한다/말했다.

«Mañana va a llover / lloverá».
"내일 비가 올 거예요."

*... mañana **va** a llover / lloverá.*
내일 비가 올 거라고…

«He ido al médico».
"나는 병원에 다녀왔어요."

*... **ha ido** al médico.*
그가 병원에 다녀왔다고…

Él ha dicho/dijo/había dicho/decía:
그는 말했다/말했었다/말하곤 했다.

Él ha dicho/dijo/había dicho/decía que...
그는 ～라고 말했다/말했었다/말하곤 했다.

«Estoy cansado».
"나는 피곤해."

*... **estaba** cansado.*
피곤하다고…

«No he terminado el informe».
"나는 보고서를 아직 끝내지 못했어."

*... **no había terminado** el informe.*
보고서를 아직 끝내지 못했다고…

«Estoy estudiando francés».
"나는 프랑스어를 공부하고 있어."

*... **estaba estudiando** francés.*
프랑스어를 공부하고 있다고…

«Voy a ver a Elena».
"나는 엘레나를 보러 갈 거야."

*... **iba a ver** a Elena.*
엘레나를 보러 갈 거라고…

«Te llamé por teléfono».
"나는 너에게 전화했어."

*... **me había llamado/llamó** por teléfono.*
나에게 전화했었다고/전화했다고…

«Os ayudaré».
"내가 너희를 도와줄게."

*... **nos ayudaría**.*
우리를 도와주겠다고…

2 도입 동사가 현재 완료(ha dicho)일 때는, 간접 화법의 시제를 직접 화법과 같게 쓰거나 바꿀 수 있습니다.

- *Juan: «Esta tarde os **llamaré**».*
  후안: "오늘 저녁에 너희에게 전화할게."

- *Luis: He visto a Juan y **me ha dicho que** nos **llamará** / **llamaría** esta tarde.*
  루이스: 나는 후안을 봤고, 그가 오늘 저녁에 우리에게 전화할 거라고 했다 / 할 거였다고 했다.

3 평서문은 decir(말하다), creer(믿다) 등의 발화 동사 뒤에 접속사 que를 써서 간접 화법을 만듭니다.

- *María: Hoy he ido al médico.* 마리아: 오늘 병원에 다녀왔어요.

- *María **ha dicho que** hoy ha ido al médico.* 마리아는 오늘 병원에 다녀왔다고 말했다.

4 도입 동사가 preguntar(묻다)나 responder(대답하다)일 때도 같은 규칙을 따릅니다.

직접 화법:
- *¿Cómo te llamas y de dónde eres?*
  이름이 뭐고 어디 출신이에요?

  - *Me llamo Peter y soy de Berlín.*
    피터이고 베를린 출신이에요.

간접 화법: *Le **preguntó cómo se llamaba** y **de dónde era**.*
  그는 이름이 무엇이고 어디 출신인지 물었다.

  Él le respondió que se llamaba Peter y que era de Berlín.
  그는 이름은 피터이며 베를린 출신이라고 대답했다.

하지만 대답이 sí/no(예/아니요)인 질문은 간접 화법에서 접속사 si(~인지)를 씁니다.

- *Carlos: ¿Salimos a cenar?* 카를로스: 저녁 먹으러 나갈까?

- *Carlos preguntó **si** salían a cenar.* 카를로스는 저녁을 먹으러 나갈 건지 물었다.

5 그 밖에 바뀌는 것들: 소유사, 지시사, 시간 · 장소 부사

- *Juan: ¿Dónde está tu hermana Ana? La llamaré **mañana**.*
  후안: 네 여동생 아나는 어디 있어? 내가 그녀에게 내일 전화할게.

- *Juan me preguntó dónde estaba mi hermana Ana y me dijo que la llamaría **hoy**.*
  그는 내 여동생 아나가 어디 있는지 물었고, 오늘 그녀에게 전화하겠다고 말했다.

- *Carmen: Me gusta mucho **este** cuadro.*
  카르멘: 이 그림이 정말 마음에 들어.

- *Carmen dijo que le gustaba mucho **ese** cuadro.*
  카르멘은 그 그림이 정말 마음에 든다고 말했다.

- *Lola: Ya no vivo **aquí**. He cambiado de barrio.*
  롤라: 난 이제 여기 안 살아. 다른 동네로 이사했어.

- *Lola dijo que ya no vivía **allí**, que había cambiado de barrio.*
  롤라는 이제 거기 살지 않으며, 다른 동네로 이사했다고 말했다.

1. 어제 친구 아나를 만났는데, 아나가 당신에게 아주 많은 이야기를 해 주었다고 상상하세요.

1. Voy a cambiar de trabajo, estoy harta de mi jefe.
2. Este año vamos a ir de vacaciones a Marbella.
3. Mi hermano menor no quiere estudiar en la universidad.
4. Estoy cansada de hacer todos los días lo mismo.
5. Pepe tuvo un accidente con la moto.
6. Mi marido quiere comprar otro coche.
7. A mí sí me gusta ir a esquiar en invierno.
8. Estoy haciendo un cursillo de Informática.
9. A mí no me parece caro el piso de Jorge.

이제 다른 친구를 만났다고 상상하고, 어제 아나가 해 준 이야기를 그에게 설명해 보세요.

1. Ana me contó que iba a cambiar de trabajo porque estaba harta de su jefe.

2. _______________________________________
3. _______________________________________
4. _______________________________________
5. _______________________________________
6. _______________________________________
7. _______________________________________
8. _______________________________________
9. _______________________________________

정답 수: ....　/8

2. 다음 문장을 간접 화법으로 바꾸세요.

1. «Mañana os llamaré».

   Él dijo que hoy nos llamaría.

2. «Mañana saldré de casa a las 7».

   Ella dijo que _______________________________________

3. «Iremos a buscaros al aeropuerto».

   Ellos dijeron que _______________________________________

4. «No iré a la reunión».

   El Sr. Martínez dijo que _______________________________________

5. «Te compraremos otra bicicleta para Reyes».

   Vosotros me dijisteis que _______________________________________

6. «Yo pondré la lavadora todas las semanas».

   Tú dijiste que _______________________________________

7. «Te esperaré en esa cafetería».

   Tú dijiste que

8. «No volveré a hablar contigo de eso».

   Ella dijo que

9. «Lo pensaré».

   Usted me había dicho que

10. «Yo me ocuparé de todo».

    Él decía que

정답 수: .... **/9**

3. 다음 문장을 간접 화법으로 바꾸세요.

1. Ella nos dijo: «Nos casamos hace 12 años».

   Ella nos dijo que se habían casado hacía 12 años.

2. Ellos me dijeron: «Este verano hemos estado de vacaciones en Cancún».

3. Él comentó: «Antes ganaba más dinero que ahora».

4. Ellos dijeron: «Este año nos hemos comprado un chalé, porque nos gusta la tranquilidad».

5. Él le dijo: «No he visto a Magdalena desde hace un año».

6. Ella comentó: «Yo quería ir a Viena, pero Javier no, y al final fuimos a París».

7. El guía nos dijo: «Esta catedral fue construida en el siglo XVII».

8. El médico me dijo: «Tiene que operarse cuanto antes».

9. Él me dijo: «Si no puedo ir a buscarte hoy, te llamaré», pero no ha llamado.

10. Tú me dijiste: «Si tú no tienes tiempo mañana, yo compraré las entradas».

11. Ella me contó: «Yo siempre he ido de vacaciones a hoteles de lujo».

12. Él me dijo: «Yo antes jugaba muy bien al baloncesto».

13. Ellos dijeron: «Encarna va a tener otro niño».

14. El hombre del tiempo dijo ayer: «Mañana lloverá».

정답 수: .... /13

4. 어제 하비에르는 취업 면접을 보러 갔고, 다음과 같은 질문을 받았습니다.

오늘 하비에르는 동료에게 면접에서 어떤 질문을 받았는지 이야기해 줍니다.

정답 수: .... /8

5. 다음 문장들을 직접 화법으로 바꾸세요.

    1. Él me dijo que el jueves había ido al cine.
    «El jueves fui al cine».

    2. Nos preguntó si teníamos su billetera.

    3. Me contó que iba a hacer un viaje a Chile este año.

    4. Me dijo que su hermana estaba casada con un jugador de fútbol.

    5. Me preguntó cuánto me había costado el apartamento de la playa.

    6. Nos explicó que no había venido a vernos porque su padre estaba enfermo.

    7. Me preguntó quién me había dicho lo de su ascenso.

    8. Mi jefe me preguntó cuándo tendría acabado el proyecto.

    9. Yo le contesté al juez que el día del robo había salido de mi casa a las 8 y cuarto de la mañana y había vuelto a las 7 de la tarde.

    10. Me explicaron que habían visitado la casa museo de Sorolla.

    11. Nos dijeron que ya no había plazas libres y que volviéramos otro día.

    12. Le dijeron que le regalaban 20 GB si contrataba la nueva tarifa.

    13. Nos preguntaron si queríamos salir a correr con ellos.

    14. El camarero nos preguntó si habíamos probado el cocido madrileño.

정답 수: ....   /13

6. 동사를 알맞은 형태로 바꿔 쓰세요.

1. *Álvaro me llamó para salir y le dije que lo pensaría. (pensar)*
2. Alejandro le dijo a su novia que la boda ____________ fantástica. (ser)
3. Sí, llamé a Ana M.ª, pero me dijo que no __________ venir, porque __________ muchas cosas que hacer. (poder, tener)
4. El policía me preguntó dónde __________ y qué __________ en la playa y yo le contesté que __________. (vivir, hacer, perderse)
5. Elena me dijo que hoy no __________ a comer porque __________ muy ocupada en la oficina. (venir, estar)
6. Me encontré a José Luis en el banco y me contó que __________ de su mujer porque ella ya no le __________. (separarse, querer)
7. Pues a mí me habían dicho que este restaurante __________ muy bueno y que no __________ nada caro. (ser, ser)
8. Miguel le preguntó a Adrián cuánto __________ y Adrián, muy enfadado, le contestó que no le __________. (ganar, importar)
9. • Le pregunté a Soledad dónde __________ de vacaciones el verano anterior y me dijo que __________ a Canarias con sus hermanos. (estar, ir)
   • ¿Sí? Pues a mí me contó que __________ a Baleares con su pareja. (ir)

정답 수: .... /17

TEMA 13   총 정답 수: .... /68

U 관사

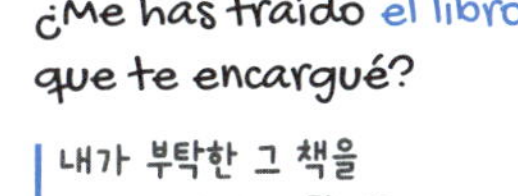

관사

		정관사			부정 관사	
		성			성	
		남성	여성	중성	남성	여성
수	단수	el	la	lo	un	una
	복수	los	las		unos	unas

정관사

1 알고 있거나 특정해서 말하는 대상 앞에 씁니다.

- *Dame **el** libro de español.* 스페인어 책을 줘.
- *Pásame **el** azúcar.* 설탕 좀 건네줘.

2 요일과 시간 앞에서 사용합니다.

- ***Los lunes,** a **las siete,** voy a clase de pintura.*
  나는 월요일마다 7시에 그림 수업에 가요.

3 señor, señora, señorita를 3인칭으로 말할 때 씁니다.

- *Buenos días, ¿está **la señorita** Romero?*
  좋은 아침, 로메로 양 계시나요?

예외 – 직접 부를 때) *¡Señorita Romero!, ¿puede venir, por favor?*
로메로 양, 와 주시겠어요?

4 하나밖에 없는 것에 씁니다.

- ***la** Luna* 달　　　　　***la** Tierra* 지구
  ***el** presidente* 대통령　　***la** vida* 인생

5 gustar 동사나 비슷한 동사와 함께 씁니다.

- *A mí **me gustan** mucho **los** bailes de salón.*
  나는 사교 춤을 아주 좋아해요.
- *Pues yo **prefiero los** bailes regionales.*
  나는 지역 전통 춤을 더 좋아해요.

6 추상 명사 앞에 씁니다.

- ***La felicidad** total no existe.* 완전한 행복은 존재하지 않아요.

7 언급하는 명사에 포함된 모든 것을 일반적으로 말할 때 씁니다.

- *Nos gusta **la música**, (nos referimos a la música en general).*
  우리는 음악을 좋아해요. (음악 일반)

8 정관사 사용 유무의 차이

- *Juan, saca **el dinero** del banco (= todo el dinero que tiene en el banco).*
  후안, 은행에서 그 돈을 꺼내. (은행에 있는 모든 돈)

- *Juan, saca **dinero** del banco (= una cierta cantidad de dinero).*
  후안, 은행에서 돈을 좀 꺼내. (일부 금액)

고유 명사와 정관사

1 일반적으로 Valencia(발렌시아), París(파리), Alemania(독일), Pablo(파블로) 등과 같은 고유 명사에는 관사를 쓰지 않습니다.

예외) ***La** India* 인도   ***La** Coruña* 라 코루냐   ***La** Rioja* 라 리오하
    ***El** Escorial* 엘 에스코리알   ***El** Cairo* 카이로

2 río(강), calle(거리), monte(산), sierra(산맥), mar(바다), islas(섬) 등과 같은 명사 뒤에 고유 명사가 올 때는 정관사를 씁니다.

- ***El río Manzanares** pasa por Madrid.*   만사나레스강은 마드리드를 지난다.
- ***La calle San Benito** es muy larga.*   산베니토 거리는 아주 길다.

3 río(강), monte(산), mar(바다) 같은 일반 명사를 생략해도 정관사를 씁니다.

- ***El Tajo** pasa por Toledo.*   타호강은 톨레도를 지난다.
- ***Las Baleares** están en el Mediterráneo.*   발레아레스 제도는 지중해에 있다.

부정 관사

1 무언가를 처음 언급하는 경우 사용합니다.

- *He visto **unos** muebles antiguos muy bonitos.*
  나는 아주 예쁜 오래된 가구 몇 개를 봤어요.

2 haber 동사와 함께 사용합니다.

- *Mira, **hay una parada** de autobús.*   저것 봐, 버스 정류장이 하나 있어.

3 직업 명사와 함께 사용합니다.

- *Me atendió **una enfermera** muy amable.*   아주 친절한 간호사가 저를 응대했어요.

4 모두가 아는 것이지만 구체적으로 말하고 싶지 않을 때 사용합니다.

- *El fin de semana fuimos a casa de **unos amigos**.*
  주말에 어떤 친구들 집에 갔어요.

- *He comprado **unas manzanas** y **unas peras**.*
  사과 몇 개와 배 몇 개를 샀어요.

  또는 다음과 같이 말할 수 있습니다.

  He comprado manzanas y peras.
  사과와 배를 샀어요.

일반적인 의미에서는 관사를 쓰지 않습니다.

1 직업 명사와 함께

- *Ella es periodista.* 그녀는 기자입니다.

2 목적어 기능의 명사일 때, 일반적인 대상을 가리키면 관사를 쓰지 않습니다.

- *¿Tienes **coche**?* 차 있어요?
- *Ella nunca **come carne**.* 그녀는 고기를 전혀 먹지 않아요.

중성 관사 lo

중성 관사 lo는 뒤에 오는 단어나 구를 명사처럼 만듭니다.

1 형용사 앞에서 사용합니다.

- ***Lo importante** es que tú seas feliz.*
  중요한 것은 네가 행복한 것이다.

2 부사 앞에서 사용합니다.

- *No sabes **lo bien** que está mi abuelo.*
  우리 할아버지가 얼마나 잘 지내시는지 너는 모를 거야.

3 관계절에서 사용합니다.

- *No se me ha olvidado **lo que dijiste**.*
  네가 말한 것을 잊지 않았단다.

4 상대방이 알고 있는 어떤 일을 정확히 말하지 않고 가리킬 때 씁니다. 'lo de + 명사'는 'el asunto de + 명사 (~에 관한 일, ~의 건)'라는 뜻입니다.

- *Ayer estuvimos más de una hora hablando de **lo de Aurora**.*
  어제 우리는 아우로라의 일에 대해 한 시간 넘게 이야기했어요.

1. 문장에 el / la / los / las 또는 필요 없으면 Ø를 알맞게 넣으세요.

1. *Cristina tiene el pelo largo y los ojos muy grandes.*
2. Hoy he tenido _______ problemas con _______ coche, no funciona.
3. Hoy _______ plátanos están carísimos.
4. _______ moscas son unos insectos bastante pesados.
5. A nosotros nos gustan mucho _______ castañas asadas.
6. No es bueno que _______ niños vean mucho _______ tele.
7. ¿Tienen _______ pescado fresco?
8. Álvaro tiene _______ problemas típicos de _______ adolescentes.
9. ¿Habéis traído _______ coche?
10. ¿Tú sabes _______ teléfono de Purificación García?
11. Yo no escucho nunca _______ radio. Prefiero Internet.
12. ¿A qué hora es _______ cena?
13. _______ vida en este país es muy difícil.
14. _______ Tierra da vueltas alrededor de _______ Sol.
15. Amalia tiene pánico de _______ perros.
16. A ella le gusta mucho trabajar con _______ manos.
17. En general, _______ abogados ganan más que _______ médicos.
18. Nunca bebe _______ alcohol.
19. Todos los días escucho _______ música clásica.
20. Él dice que _______ matemáticas son muy difíciles.
21. Estuvo cinco años trabajando en _______ restaurante de su familia.
22. ¿Por qué no han ido hoy _______ niños a _______ colegio?
23. El profesor no ha venido hoy a _______ clase.
24. _______ señor Rodríguez, le presento a _______ señora Herrero.

정답 수: .... /30

2. 문장에 un / una / unos / unas 또는 필요 없으면 Ø를 알맞게 넣으세요.

1. *¿Te gustaría ser Ø bombero?*
2. ¿Qué llevas en _______ bolsa?
3. Este fin de semana he estado en La Coruña con _______ amigos.
4. Estoy desesperado, no tengo _______ dinero, no tengo _______ trabajo, no tengo _______ amigos y no tengo _______ pareja.
5. Él siempre le regala _______ ramo de flores por su cumpleaños.
6. Tienes _______ hijos encantadores.
7. ¿Tienes _______ hijos?
8. ¿Tienes patatas para hacer _______ tortilla?
9. Luisa es _______ chica rara, no sale nunca.
10. Me han dicho que en ese cine ponen _______ películas muy buenas.
11. Si quieres ir a ese país, necesitas _______ visado especial.
12. Para ir a Brasil no necesitas _______ abrigo.
13. Yo conozco a _______ chico que es _______ futbolista.
14. Si necesitas _______ buen mecánico, yo te puedo recomendar uno.
15. Los padres de mi mujer eran _______ profesores.
16. El novio de mi hermana es _______ mecánico.
17. Cuando Ángel fue a la universidad, tuvo _______ profesores magníficos.
18. Cuando Rocío era _______ niña, no le gustaban las muñecas.
19. En ese piso vive _______ familia rarísima.
20. Lo siento, aquí no hay _______ calamares.

정답 수: .... /24

3. 다음 문장들이 맞는지 틀렸는지 말하고, 틀린 문장은 고치세요.

1. *Everest es el pico más alto del mundo.* MAL

   El Everest es el pico más alto del mundo.
2. *La Coruña está en Galicia.* BIEN
3. Santander está en norte de España.

   ____
4. Río Tajo desemboca en Lisboa.

   ____
5. Las islas Canarias son preciosas.

   ____
6. Mar Mediterráneo no tiene muchos peces.

   ____

7. Al otro lado de estrecho de Gibraltar está África.

8. La Andalucía tiene muchas horas de sol.

9. La Mancha tiene queso y vino.

10. Ernesto está esquiando en Pirineos.

11. En el norte de Europa el clima es frío.

12. El Ebro es el río más largo de España.

정답 수: ……… /10

4. 다음 중 알맞은 형태에 밑줄을 그으세요.

1. *Lo / El que no entiendo es por qué quieres estudiar lo / el mismo que lo / el año pasado.*
2. Nadie sabe qué es *el / lo* mejor en la vida.
3. ¿Le has dicho ya a tu hermano *el / lo* de la herencia?
4. ¿Quién es *el / lo* de la chaqueta gris?
5. ¿Qué es *el / lo* que te dijo ayer el director? Estabas muy nervioso.
6. No podemos ir andando, ¿tú sabes *el / lo* lejos que está eso?
7. ¿Quién fue *el / lo* que te dijo que tú podías ser actriz?
8. No te preocupes por *el / lo* coche. *El / Lo* importante es que te recuperes.
9. ¿Te has enterado ya de *el / lo* que les ha pasado a los del sexto?
10. ¿Te has enterado de *el / lo* de Rosa y Paco?
11. Aquí hay varios libros, ¿cuál es *el / lo* de Rosa?

정답 수: ……… /10

5. 필요하다면 정관사 또는 부정 관사를 쓰세요. 가능한 답이 둘 이상일 수도 있습니다.

1. *Anoche él tenía Ø sueño, pero no tenía Ø ganas de dormir.*
2. En ____ cena de Gema comimos ____ jamón y ____ lomo.
3. ¿Te apetece ____ café?
4. ¿Tienes ____ servilleta? Acabo de tirar ____ café que me has puesto.
5. ¿Quieres ____ hielo para ____ bebida?
6. ____ servicio en este restaurante no es tan bueno como antes.

7. ¿Has visto a _____ mensajero? Estoy esperando _____ paquete.

8. _____ paquete que me envió mi madre contenía _____ chorizo.

9. Hay gente que dice que este país necesita _____ gobierno con _____ líder fuerte.

10. Mira, ese niño tiene _____ ojos preciosos.

11. ¿Te acordarás de comprar _____ naranjas?

12. ¿Qué va a hacer _____ Gobierno para acabar con _____ desempleo?

13. Él ingresó en _____ Ejército porque le gustaba _____ disciplina.

14. «Haz _____ amor, no _____ guerra».

15. _____ señor García es _____ cuñado de _____ señora Pérez.

16. Iré a tu casa _____ lunes por _____ tarde.

정답 수: .... /28

TEMA 14　총 정답 수: .... /102

Tema 15

비교급과 최상급

Esta obra de arte vale más de
un millón de euros.

이 예술 작품은 백만 유로가 넘는 가치가 있어요.

Este camino es más peligroso
de lo que yo creía.

이 길은 내가 생각했던 것보다
더 위험해요.

¡Jo, David,
qué gracioso eres!

와, 다비드,
너 어쩜 이리 웃기니!

David
es muy gracioso.

다비드는 정말 재미있는
사람이에요.

Sí, sí,
graciosísimo.

맞아, 맞아, 엄청
웃기지.

Es la persona
más graciosa
de la empresa.

그는 회사에서 가장
웃긴 사람이에요.

Yo creo que
es la persona más
graciosa que he
conocido.

나는 그가 내가 지금까지
만나 본 사람 중에서
가장 웃긴 사람이라고
생각해요.

비교

• 형용사의 비교

María no es tan alta como su hermana.
마리아는 그녀의 언니만큼 키가 크지 않다.

규칙 비교				
más	+	형용사	+	que
menos	+	형용사	+	que
tan	+	형용사	+	como

Pedro es mayor que tu hermano Luis.
페드로는 너희 형 루이스보다 나이가 많다.

불규칙 비교			
bueno, -a, -os, -as	⟶ mejor, mejores	+	que
malo, -a, -os, -as	⟶ peor, peores	+	que
grande, -es	⟶ mayor, mayores	+	que
pequeño, -a, -os, -as	⟶ menor, menores	+	que

• 명사의 비교

Ellos tienen tantos hijos como nosotros.
그들은 우리만큼 많은 자녀가 있다.

동사	+	más	+	명사	+	que
동사	+	menos	+	명사	+	que
동사	+	tanto/-a/-os/-as	+	명사	+	como

• 부사의 비교

Mi hijo estudia tanto como el tuyo.
내 아들은 너의 아들만큼 공부한다.

동사	+	más que
동사	+	menos que
동사	+	tanto como

• 불규칙 부사

Este trabajo está mejor que el mío.
이 일은 내 것보다 더 잘되어 있다.

bien	⟶	mejor
mal	⟶	peor

<h1 style="text-align:center">최상급</h1>

- **절대 최상급**

'*muy* + 형용사'로 형성합니다. 가끔 형용사가 매우 길면 *muy* 형태와 *-ísimo(a)* 형태 두 가지를 사용할 수 있습니다.

- *El niño de los vecinos es **muy malo**.*
  이웃집 아이는 아주 나쁘다.

- *Esta noticia es **muy importante / importantísima**.*
  이 뉴스는 아주 중요하다 / 매우 중요하다.

- **상대 최상급**

el / *la* / *los* / *las* + *más* / *menos* + 형용사 + *de* / *que*

- *Tu regalo es **el más bonito de todos**.*
  너의 선물은 모두 중에서 가장 예쁘다.

- *Tu regalo es **el más bonito** que he recibido.*
  네 선물은 내가 받은 것 중 가장 예쁘다.

비교급

비교의 두 번째 부분을 도입하기 위해 전치사 de를 사용합니다.

- 정해진 양을 말할 때 사용합니다.
  - *Ese coche le ha costado **más de 12 000** euros.*
    그 자동차는 그에게 12,000유로보다 더 들었다.

- 형용사를 사용하고, 그 뒤에 오는 절이 lo que로 시작할 때 사용합니다.
  - *Este ejercicio es **más difícil de lo que** yo pensaba.*
    이 연습 문제는 내가 생각했던 것보다 더 어렵습니다.

- 이름(명사)을 사용해서 양을 비교할 때, 그 양이 정확한 수이든 아니든 이렇게 표현합니다.
  - *Ernesto siempre compra **más bolígrafos de** los que necesita.*
    에르네스토는 항상 그가 필요로 하는 것보다 더 많은 볼펜을 산다.

  - *Al final gastamos **más dinero del** que pensábamos.*
    결국 우리는 우리가 생각했던 것보다 더 많은 돈을 썼습니다.

2 비교 의미를 부분적으로 잃어버린 불규칙 비교 형용사(superior, inferior, anterior, posterior)들이 있습니다.

- *El número de parados es **superior a** tres millones de personas.*
  실업자 수는 삼백만 명을 넘습니다.

최상급

1 절대 최상급은 다른 것과 비교하지 않고 주어의 한 특성을 두드러지게 나타냅니다. 형용사나 부사의 어간에 -ísimo를 붙여서 형성합니다.

- *El niño de los vecinos es **malísimo**.*
  이웃집 아이는 매우 나쁩니다.

- *Esa librería que dices está **cerquísima**.*
  네가 말한 그 서점은 아주 가깝다.

일부는 antiguo → antiquísimo와 같이 불규칙 형태를 가집니다

2 상대 최상급은 같은 집단이나 범주에 속한 다른 대상들과 비교하여, 그 주어의 한 특성을 가장 두드러지게 나타냅니다.

- *Joaquín es **el más** listo **de** su clase.*
  호아킨은 반에서 가장 똑똑합니다.

- *Es **la** persona **más** amable **que** he conocido en mi vida.*
  그는 내가 평생 만나 본 사람 중 가장 친절한 사람입니다.

1. 상자에서 알맞은 표현을 찾아 문장을 완성하세요.

> *tan / tanto / tanta / tantos / tantas*

> *partidos   libros   galletas   vago   cara*
> *incómodo   difícil   inteligente   nerviosa   **calor***

1. *En Madrid, en verano, no hace* *tanto calor* *como yo pensaba.*
2. Nunca había visto un sofá _____________ como este.
3. Ana M.ª no es _____________ como ella piensa.
4. Yo creo que el equipo de Andrés no ha ganado _____________ como él dice.
5. Espero que trabajes más y no seas _____________ como tu hermano.
6. Hoy no estoy _____________ como la última vez que me examiné.
7. Al final, la comida no ha salido _____________ como yo pensaba.
8. El examen de Filosofía no fue _____________ como esperábamos.
9. A mí me parece que tú has comido _____________ como yo.
10. No creo que hayas leído _____________ como dices.

정답 수: .... **/9**

2. 빈칸에 알맞은 최상급 형태를 쓰세요.

1. *Encontrar algo en este mapa es* *dificilísimo.*
2. La comida te ha salido _____________. (buena)
3. Ella trabaja _____________. (poco)
4. Las pirámides de Egipto son _____________. (antiguas)
5. Julita se casó con un chico _____________. (rico)
6. Juanjo se ha comprado una casa _____________. (grande)
7. Este artículo no es breve, es _____________. (breve)
8. Ella dice que sus hijos son _____________. (inteligentes)
9. Pero ¡qué _____________ es este niño! (guapo)
10. Este ejercicio es _____________, ¿no? (fácil)

정답 수: .... **/9**

3. 문장을 **de** 또는 **que**로 완성하세요.

1. *Este bolso es más caro que el* *que* *me regaló mi marido.*
2. *El hotel es más barato* *de* *lo que yo pensaba.*
3. Madrid tiene más _____________ tres millones de habitantes.

4. Santiago y Sonia son más simpáticos _______ lo que parecen.

5. Esperaba que viniera más gente _______ la que vino.

6. Lo compré por menos _______ 30 euros.

7. Confía en su médico más _______ lo que debe.

8. Estos niños tienen más juguetes _______ los que necesitan.

9. Encontrar un trabajo es más difícil _______ estudiar una carrera.

10. Yo vivo un poco más cerca _______ tú de la escuela.

11. Es una secretaria más amable _______ eficaz.

12. Este icono es más antiguo _______ el que vimos ayer.

13. En clase no se admiten más _______ 30 alumnos.

14. El regalo de Pedro cuesta más _______ 20 euros.

15. Esta película es mucho peor _______ la otra.

정답 수: ………   /13

---

4. 다음 문장을 상자 안의 비교급을 사용해 완성하세요.

> *peores*   *mejor* (2)   *peor* (2)   *mejores*   *mayor*   *menor*

1. *Los calamares del otro día eran malos, pero estos son peores.*

2. • ¿Y tu madre, ya está bien?

   • Sí, está _____________, gracias.

3. ¿No tienen unos zapatos _____________ que estos para la boda?

4. Mi padre es el _____________ de sus hermanos, por eso empezó a trabajar muy pronto.

5. Esta niña cada vez va _____________ en el colegio. Otra vez ha suspendido.

6. Para ver _____________, ponte las gafas.

7. A veces dicen que «es _____________ el remedio que la enfermedad».

8. Soledad era _____________ que yo y por eso estaba en un curso anterior al mío.

정답 수: ………   /7

---

5. 다음 문장을 예시와 같이 상대 최상급 형태로 바꾸세요.

1. *Yo nunca había conocido a un chico tan pesado.*
   Es el chico más pesado que he conocido (en mi vida).

2. Yo nunca había visto un pez tan grande.

____

3. Yo nunca había oído una canción tan bonita.

____

4. Yo nunca había conocido a una mujer tan cariñosa.

5. Yo nunca había probado una moto tan rápida.

6. Yo nunca había leído un libro tan malo.

7. Yo nunca había conocido a unas personas tan encantadoras.

정답 수: .... **/6**

6. 이 요소들을 사용하여, 지시된 비교급과 최상급 형태로 문장을 만드세요.

1. *elefante   león   jirafa   mono*
   (menos... que)   *La jirafa es menos ágil que el mono.*
   (más... que)   *El mono es más inteligente que el elefante.*
   (el/la más... de)   *El elefante es el más grande de los cuatro.*
   (tan... como)   *El león no es tan alto como la jirafa.*

2. uvas   naranjas   limones   piña
   (menos... que)
   (más... que)
   (mejor/es que)
   (tantos/as... como)

3. Rolls Royce   Mercedes   Volvo   Porsche
   (mejor... que)
   (tanto como)
   (el más/menos... que)
   (-ísimo)

4. Madrid   México   París   Buenos Aires
   (mayor que)
   (menos... que)
   (tan... como)
   (tantos/as... como)

5. tortilla paellla jamón aceite
   (-ísimo/a)
   (más... que)
   (tan... como)
   (tanto como)

6. natación ciclismo fútbol esquí
   (menos... que)
   (el más/menos... de)
   (muy)
   (tanto como)

TEMA 15　총 **정답 수:** ....　**/44**

Tema 16

SER와 ESTAR

| 이 생선 가게에서는 생선이 아주 아주 신선합니다.

| 너는 이 생선이 신선하다고 생각하니?

ser와 estar 동사와 함께 쓰이는 형용사와 부사

ser와 함께 쓰이는 형용사		estar와 함께 쓰이는 형용사	
lógico 논리적인	inocente 순진한, 결백한	de buen / mal humor 기분이 좋은 / 나쁜	preocupado 걱정된
(in)justo (불)공정한	alegre 명랑한	enamorado 사랑에 빠진	prohibido 금지된
importante 중요한	egoísta 이기적인	enfadado 화가 난	roto 부서진
increíble 믿기 어려운	inteligente 똑똑한	contento 만족하는, 기쁜	vacío 빈
conveniente 적절한, 알맞은	optimista 낙천적인	cansado 피곤한	lleno 가득 찬
(in)necesario (불)필요한	culpable 죄가 있는, 책임이 있는	enfermo 아픈	bien / mal / fatal 좋은 / 나쁜 / 최악인
(in)útil (무)유용한	trabajador 부지런한	harto 지겨운	

ser 혹은 estar 모두 쓰이는 형용사			
nervioso 신경질적인 / 긴장한	tranquilo 차분한 / 진정해 있는	abierto 개방적인 / 열린	listo 영리한 / 준비된
bueno 좋은 / 맛있는	malo 나쁜 / 맛이 없는, 아픈	mejor 더 좋은 / 더 나은	despierto 머리가 좋은 / 깨어 있는
grave 심각한 / 상태가 위중한	aburrido 지루한 성격 / 지루한 상태	fresco 최근의 / 신선한	(in)seguro (불)안전한 / (불)확신하는
joven 젊은 / 어려 보이는	peor 더 나쁜	(in)maduro (미)성숙한 / (덜) 익은	rico 부자인 / 맛이 좋은

ser 동사

1 사람이나 사물을 정의하거나 식별할 때 사용합니다.

- *Felipe **es alto** / **simpático** / **español** / **abogado** / **rico**.*
  펠리페는 키가 크다 / 친절하다 / 스페인 사람이다 / 변호사이다 / 부자이다.

- ***Es el marido de Luisa**.*
  루이사의 남편이다.

- *Esta mesa **es de madera** / **moderna** / **grande** / **de Mercedes**.*
  이 탁자는 나무로 만들어졌다 / 현대적이다 / 크다 / 메르세데스의 것이다.

2 행사의 장소와 날짜를 말할 때 사용합니다.

- *¿Sabes **dónde es** el banquete de la boda?*
  그 결혼식 연회가 어디에서 열리는지 아니?

- *La reunión **es en la sala grande**.*
  회의는 큰 홀에서 열린다.

- *El concierto **será en abril**.*
  콘서트는 4월에 열릴 것이다.

3 시간을 말할 때 사용합니다.

- *Hoy **es martes**.* 오늘은 화요일이다.

- ***Son las siete**.* 7시이다.

- ***Es muy tarde**.* 아주 늦었다.

estar 동사

1 사람의 기분 상태나 사물의 상태를 말할 때 사용합니다.

- *Ricardo hoy **está de buen humor** porque ha ganado su equipo.*
  리카르도는 오늘 기분이 좋다. 그의 팀이 이겼기 때문이다.

- *Esta chaqueta **está sucia**. Hay que lavarla ya.*
  이 재킷은 더럽다. 당장 빨아야 한다.

2 위치를 말할 때 사용합니다.

- *¿**Dónde está** mi agenda?* 내 다이어리는 어디에 있지?

3 시간 표현에서 사용됩니다.

- *Ya **estamos a 25 de mayo**, cómo pasa el tiempo.*
  벌써 5월 25일이네, 시간이 어쩜 이리 빨리 가는지.

- *Y pronto **estaremos en verano**.*
  그리고 곧 우리는 여름에 있게 될 것이다.

4 bien / mal / fatal / cerca / lejos와 함께

- *Eso que haces no **está bien**.*
  네가 하는 그건 옳지 않다.

ser 동사와 estar 동사

1 같은 형용사를 쓰더라도 ser는 본질적 특성, estar는 일시적 상태를 나타냅니다.

- *Carlos **es** un chico **muy nervioso**.*
  카를로스는 매우 신경질적인 아이다.

- *Carlos **está** hoy **muy nervioso**, no sé por qué.*
  카를로스는 오늘 매우 긴장해 있다. 왜인지 모르겠다.

2 형용사의 의미가 동사에 따라 달라지는 경우도 있습니다.

- *Carlos **es** un niño muy **listo** (= inteligente).*
  카를로스는 매우 똑똑한 아이이다.

- *Carlos, ¿**estás listo** para salir? (= preparado).*
  카를로스, 나갈 준비가 되어 있니?

1. 다음 형용사가 **ser**와 쓰이는지 **estar**와 쓰이는지 적고, 예시와 같이 자유롭게 문장을 만드세요.

1. *amable (ser):*   *Ella dice que su jefe es muy amable.*
2. harto (　　):
3. increíble (　　):
4. culpable (　　):
5. prohibido (　　):
6. disgustado (　　):
7. inútil (　　):
8. trabajador (　　):
9. cansado (　　):
10. vacía (　　):

정답 수: .... /9

2. **ser**와 **estar** 중 알맞은 동사를 고르세요.

1. *Quiero ser economista, como mi abuela, pero es muy difícil.*
2. ¿Sabes dónde es / está la Alhambra? Me han dicho que es / está un poco lejos.
3. No sé si ese nuevo restaurante es / está cerrado. Es / Está un poco tarde.
4. He terminado la carrera y soy / estoy enfermero, pero soy / estoy estudiando Medicina.
5. Andrés era / estaba cansado de trabajar en el bufete y lo dejó. Era / estaba abogado. Ahora es / está en paro.
6. ¿Eres / Estás contento con el nuevo piso? Ya sé que está / es bien comunicado, pero es / está interior.
7. Mañana es / está su cumpleaños, pero no lo va a celebrar porque es / está enferma.
8. Somos / Estamos hartos de Merche. Es / Está muy egoísta.
9. ¿Sois / Estáis de mal humor? Pero si es /está primavera.
10. Es / Está inútil, hoy no puedo chatear con nadie. Soy / Estoy sin conexión a Internet.
11. Es / Está importante respetar las normas y aquí es / está prohibido comer. Puedes ir fuera.
12. Es / está ingresado en el hospital. No es / está grave, pero es / está prohibido visitarlo.

정답 수: .... /25

3. 알맞은 시제의 **ser** 또는 **estar**로 문장을 완성하세요.

1. *No hay prisa, es pronto todavía.*
2. _______________ a 19 de diciembre.
3. Anoche, cuando salimos del cine, _______________ demasiado tarde para cenar.
4. ¿Qué hora _______________ ?
5. Ese libro _______________ de Luis.
6. _______________ en invierno.
7. Esta mesa no _______________ de madera, _______________ de plástico.
8. Cuando terminamos el trabajo _______________ casi las 4 de la tarde.
9. Alberto _______________ biólogo, pero _______________ de camarero.
10. Fumar _______________ malo para la salud.
11. El padre de Ernesto _______________ médico y trabaja en un hospital.
12. Estos zapatos _______________ bonitos, pero me _______________ grandes.
13. Mi piso _______________ nuevo, pero _______________ sucio.
14. El coche que le trajeron los Reyes _______________ grande y rojo.
15. Eso que has hecho _______________ mal.
16. El ascensor no funciona, otra vez _______________ estropeado.
17. El coche de Estrella _______________ aparcado cerca de aquí.
18. ¿Qué día _______________ mañana?
19. La inspiración del artista _______________ en la calle.
20. Esas frases _______________ mal, no _______________ correctas.
21. Posiblemente Picasso _______________ el pintor español más conocido.
22. La verdad _______________ que no sé cuándo volveremos.
23. La camisa azul _______________ de él.
24. El doctor no puede atenderle ahora, _______________ ocupado.

정답 수: .... **/28**

4. 알맞은 시제의 **ser** 또는 **estar**로 문장을 완성하세요.

1. *Él ahora está dispuesto a trabajar este sábado.*
2. Su vida privada _______________ solo suya.
3. Todo lo que hicieron _______________ inútil.
4. Diez años _______________ mucho tiempo.
5. A estas horas, todas las tiendas _______________ cerradas.
6. El café _______________ demasiado caliente, no puedo tomármelo.
7. Se casó con una mujer que _______________ muy rica.
8. Este perfume _______________ francés.
9. El accidente que tuvieron _______________ horrible.

10. Este licor _____________ digestivo.

11. No _____________ necesario que trabajes tanto.

12. No _____________ posible hacer este ejercicio.

13. La televisión _____________ rota.

14. Señor, el acusado _____________ inocente.

15. Este vestido todavía _____________ nuevo, pero _____________ pasado de moda.

16. Este _____________ el compañero de Juan.

17. Mi madre ya no _____________ joven, pero _____________ muy bien de salud.

18. El examen del lunes _____________ difícil.

19. Esta blusa _____________ de seda auténtica.

20. Perdón, pero _____________ prohibido aparcar aquí.

21. Salir ahora a la calle _____________ horrible. Llueve muchísimo.

22. La reunión _____________ en el salón de actos.

23. No sabes lo importante que _____________ este trabajo para mí.

24. El mercado no _____________ lejos de aquí.

25. La comida familiar _____________ en el restaurante Miramar.

정답 수: .... **/26**

5. 형용사의 의미에 따라 **ser** 또는 **estar**로 문장을 완성하세요.

1. *¿Están todos listos para salir?*

2. Perdón, ¿_____________ libre esta silla?

3. Estos tomates no sirven para el gazpacho, _____________ verdes.

4. Lola y Jesús _____________ buenos amigos míos.

5. Estas nueces no se pueden comer, no _____________ buenas.

6. Y tu padre, ¿qué tal? ¿_____________ mejor?

7. Federico, de joven, _____________ un chico muy alegre.

8. ¡Qué guapo _____________ con esa chaqueta!

9. La última novela de E. Maroto _____________ mucho mejor que la otra.

10. Este ballet _____________ muy romántico.

11. Los electrodomésticos de antes _____________ peores que los actuales.

12. Hoy, el pescado _____________ carísimo.

13. Ayer por la tarde _____________ aburridos y fuimos a dar un paseo.

14. El profesor me ha dicho que mi hijo _____________ muy listo.

15. En esta tienda, las cosas _____________ caras, pero _____________ muy buenas, de primera calidad.

16. No _____________ bueno hacer ejercicio después de comer.

17. Él no _____________ mal chico, pero ella tiene más cualidades.
18. ¿_____________ frías ya las cervezas?
19. Ve al médico, si lo dejas más tiempo, _____________ peor.
20. Ana María _____________ muy libre de salir y entrar cuando quiera.

정답 수: .... **/20**

6. 각 열의 요소들을 사용해, 예시처럼 **ser** 또는 **estar**로 문장을 만드세요.

1. Este profesor		maduros
2. El tabaco		abierta
3. Este periódico		los mejores amigos del hombre
4. La película		animada
5. Este pescado	ser	parcial
6. Los plátanos	estar	malo
7. La fiesta		aburrida
8. La ventana		soltero
9. Los perros		preocupado
10. El presidente		perjudicial
11. Nadar		sano
12. El atletismo		un deporte muy completo

1. Este profesor es malo.
   Este profesor está malo, está soltero, está preocupado, está sano.

2. ____

3. ____

4. ____

5. ____

6. ____

7. ____

8. ____

9.

10.

11.

12.

정답 수: .... /11

TEMA 16 총 **정답 수:** .... /119

관계절 I

La policía está buscando a los ladrones
que robaron en un banco de esta ciudad.

경찰은 이 도시의 한 은행에서 도둑질을 한 강도들을
찾고 있습니다.

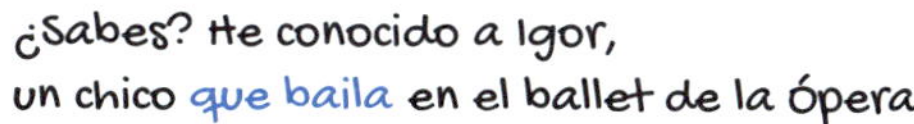

¿Sabes? He conocido a Igor,
un chico que baila en el ballet de la Ópera.

그거 알아? 나는 발레 오페라단에서 춤추는
이고르라는 청년을 알게 되었어.

Por favor, ¿hay alguien
aquí que sepa español?

실례하지만, 여기 스페인어를 할 줄 아는
사람이 있나요?

관계절 문장
(선행사) + que + 직설법 / 접속법

1 주절에 나타나는 한 요소에 대해 정보를 주며, 그 요소를 선행사라고 합니다.

- *El móvil **que** compraron es de última generación.*
  그들이 산 휴대전화는 최신형이다.

- *El chico **que** vino a vernos era mi hermano.*
  우리를 보러 왔던 그 남자는 내 형제였다.

- *Las niñas **que** estaban en casa eran mis sobrinas.*
  집에 있던 그 아이들은 내 조카들이었다.

- *La casa **que** compraron era muy cara.* 그들이 산 그 집은 매우 비쌌다.

2 이 관계절들은 항상 관계사로 시작됩니다. 가장 많이 쓰이는 것은 que이고 사람·사물 모두에 사용됩니다.

- *Las mujeres **que** están allí hablando son españolas.*
  저기에서 이야기하고 있는 저 여자들은 스페인 사람들이다.

- *El libro **que** compré ayer está en la estantería.*
  내가 어제 산 그 책은 책장에 있다.

3 관계절의 동사는 직설법이나 접속법이 올 수 있습니다.

1. 직설법

   – 선행사(사람, 사물, 장소)에 대해 확실하고 확인된 정보를 말할 때

- *Ahora tengo un ordenador **que no funciona** bien.*
  지금 나는 잘 작동하지 않는 컴퓨터를 가지고 있다.

- *Las personas **que saben** inglés tienen más posibilidades de trabajar.*
  영어를 아는 사람들은 더 많은 일할 기회가 있다.

2. 접속법

   – 선행사에 대해 확실히 규정되지 않았거나 확인되지 않은 정보를 말할 때

- *Estoy buscando un ordenador **que funcione** bien.*
  나는 잘 작동하는 컴퓨터를 찾고 있다.

- *¿Hay alguien **que haya visto** lo que ha pasado?*
  무슨 일이 일어났는지 본 사람이 있나요?

   – 또한 선행사의 존재를 부정하거나 매우 적음을 말할 때도 접속법을 사용합니다.

- *Aquí **no hay nadie que sepa** inglés.*
  여기에는 영어를 할 줄 아는 사람이 아무도 없다.

- *Conozco **poca gente que cocine** como ella.*
  나는 그녀처럼 요리하는 사람을 거의 알지 못한다.

Ejercicios

1. 예시와 같이 **que**를 사용하여 다음 문장을 관계절로 바꾸세요.

1. Ayer probé un plato nuevo. El plato tenía muchas especias.
Ayer probé un plato nuevo que tenía muchas especias.

2. Yo solo vi salir a un hombre. El hombre llevaba una cartera negra.

3. A mí me dio el recado una mujer. La mujer tenía una voz muy agradable.

4. Encontramos un hotel precioso. El hotel estaba en el centro.

5. Yo tomo estos caramelos. Tienen poca azúcar.

6. Juan ha alquilado una casa antigua. La casa es preciosa.

7. Ayer llamó a casa una chica. Ella no dijo su nombre.

8. Nos paró un policía. Él no era muy simpático.

9. Mis padres me compraron una bicicleta. Era muy barata.

10. Un chico rompió el cristal. El chico salió corriendo.

11. Jesús llevaba una cazadora de cuero. La cazadora era muy cara.

정답 수: .... /10

2. 두 열을 연결하여 문장을 만드세요.

1. Buscan una secretaria		a. llevaba a refugiados.
2. Necesito un sofá		b. tenga recetas de cocina.
3. Yo voy mucho a un cine		c. corra bastante.
4. Estoy buscando un piso		d. está muy cerca del metro.
5. Conozco a un chico	que	e. sea más céntrico.
6. Quería un libro		f. pone películas en V.O.
7. Vimos un barco		g. se ha casado cuatro veces.
8. He encontrado un piso		h. ocupe poco espacio.
9. Les he pedido a mis padres una moto		i. sepa inglés y francés.

정답 수: .... /9

3. 동사를 직설법 또는 접속법의 알맞은 형태로 쓰세요.

1. A mí no me gusta la gente que grita constantemente. (gritar)

2. Estamos buscando un apartamento que _____________ cerca de la playa. (estar)

3. Ernesto es el chico más amable que yo _____________ en mi vida. (conocer)

4. ¿Cómo se llama la canción que _____________ tocando ayer? (estar)

5. ¿Has encontrado ya las llaves que _____________ la semana pasada? (perder)

6. Quiero una habitación que no _____________ a la calle principal. (dar)

7. Si no tenemos suficiente pan, compraremos el que nos _________. (faltar)

8. Si necesitas papel, pide los folios que _____________. (querer)

9. La policía busca a los ladrones que _____________ el banco ayer. (robar)

10. Necesitan a alguien que _____________ experiencia en ventas. (tener)

11. ¿Has visto las fotos que _____________ el verano pasado? (hacer, nosotros)

12. Recomiéndame una película que no _______ violenta. (ser)

13. Tráeme un vaso de agua, pero que no _____________ muy fría. (estar)

14. Buenos días, quiero un diccionario que _____________ pequeño. (ser)

정답 수: ....　 **/13**

4. 다음 문장을 예시와 같이 관계절 질문으로 만드세요.

1. Escribir telenovelas

¿Conoces a alguien que escriba telenovelas?

2. Tocar la gaita

____

3. Bailar flamenco

____

4. Saber hablar chino

____

5. Vivir en Nueva York

____

6. Tener caballos

____

7. Coleccionar sellos

____

8. Tener un camión

____

9. Arreglar electrodomésticos

____

정답 수: ....　 **/8**

5. 이제 앞의 질문들을 친구에게 하고, 그 친구의 대답을 적으세요. 또한 예시와 같이 긍정형과 부정형으로 직접 대답해도 됩니다.

1. Sí, conozco a un chico que escribe telenovelas.

No, no conozco a nadie que escriba telenovelas.

2. Sí, ____ .

    No, ____ .

3. Sí, ____ .

    No, ____ .

4. Sí, ____ .

    No, ____ .

5. Sí, ____ .

    No, ____ .

6. Sí, ____ .

    No, ____ .

7. Sí, ____ .

    No, ____ .

8. Sí, ____ .

    No, ____ .

9. Sí, ____ .

    No, ____ .

정답 수: .... /8

TEMA 17   총 **정답 수:** .... /48

관계절 Ⅱ

관계절 문장

(선행사) + (전치사) + que / donde / quien/-es + 직설법 / 접속법

1 관계절을 이끄는 데 가장 많이 쓰이는 연결사는 que, donde, quien/-es입니다.

2 전치사가 필요한 관계절에서,

- 전치사는 항상 관계 대명사 앞에 옵니다.
  - *Mira, esa es la profesora **de quien** te hablé.*
    저기 봐, 저분이 내가 너에게 이야기한 그 선생님이야.
  - *Esta es la calle **por donde** pasarán los Reyes Magos.*
    이곳이 동방박사 행렬이 지나갈 거리야.

- 관계 대명사가 que일 때는 정관사를 앞에 사용합니다.
  - *Mira, esa es la profesora **de la que** te hablé.*
    저기 봐, 저분이 내가 너에게 이야기한 그 여교사야.
  - *Ya están aquí los niños **a los que** has llamado.*
    네가 전화해 부른 아이들이 벌써 여기 와 있어.
  - *Han cerrado el parque **por el que** paseábamos de pequeños.*
    우리가 어릴 때 산책하곤 했던 그 공원을 폐쇄했어.

3 선행사가 사람일 때, 전치사가 붙는 경우에는 el / la / los / las que 또는 quien / quienes를 사용합니다.

- *Los turistas **a quienes** vendí el coche eran suecos.*
  내가 차를 팔았던 그 관광객들은 스웨덴 사람들이었다.
- *Los turistas **a los que** alquilé el apartamento eran suecos.*
  내가 아파트를 임대한 그 관광객들은 스웨덴 사람들이었다.

4 quien은 선행사가 없을 때 또는 전치사와 함께 쓰일 때만 사용합니다.

- ***Quien** te dice eso, no te quiere.* 그렇게 말하는 사람은 너를 사랑하지 않아.
- *Es una persona **en quien** confío.* 그는 내가 신뢰하는 사람이다.

5 선행사가 상황이나 아이디어일 때는 중성 관사 lo + que를 사용합니다.

- *¿Qué es **lo que** me querías decir?* 내게 하고 싶었던 말이 무엇이었지?
- ***Lo que** dices me parece bien.* 네가 말하는 것은 괜찮아 보여.

1. 상자에서 알맞은 표현을 찾아 문장을 완성하세요.

en la que vive Ernesto	*donde compro normalmente*
con el que salía Maribel	*en la que dormimos*
en el que nos alojamos	*al que se refería el profesor*
de quien te hablé ayer	*en la que trabaja Jesús*
	con la que está hablando el camarero

1. El chico con el que salía Maribel está viviendo en otro país.

2. La mujer _______________________ es una actriz famosa.

3. La empresa _______________________ fabrica baterías para coches.

4. El supermercado _______________________ ha cambiado de dueño.

5. Esta es la compañera _______________________ .

6. El hotel _______________________ está al lado de la playa.

7. La cama _______________________ era muy incómoda.

8. La casa _______________________ es del siglo pasado.

9. El libro _______________________ no está en las librerías.

정답 수: .... /8

2. 문장들을 el / la / los / las, que, quien, donde로 완성하세요. 가능한 답이 여러 개일 수도 있습니다.

1. Todos los que estaban allí se quedaron mudos por la noticia.

2. Este no es el trabajo para _____________ yo me había preparado.

3. Los chicos con _____________ salimos anoche eran asturianos.

4. No me gustan esas amigas con _____________ vas de vacaciones.

5. Hay un refrán que dice: «_____________ bien te quiere, te hará llorar».

6. Escuchadme, chicas, _____________ vivan cerca, se quedan a recoger.

7. _____________ no esté de acuerdo, que lo diga.

8. Todos _____________ asistan a la presentación del libro tendrán un regalo.

9. Por favor, _____________ hayan terminado, que lleven sus platos a la cocina.

10. Aquí es _____________ conocí a Gabriela.

11. Este es el editor de _____________ te hablé.

12. Cuando mis hijos eran pequeños, no tenía _____________ dejarlos.

13. En esta casa, mi mujer es _____________ organiza las tareas.

14. _____________ quiera salir antes de tiempo, que levante la mano.

15. Entre nosotras, _____________ diga que no tiene problemas, está mintiendo.

16. _______________ salieron antes no encontraron problemas y _______________ se quedaron encontraron grandes atascos.

17. De las actrices actuales, _______________ más me gusta es Anita Pérez.

18. _______________ mal anda, mal acaba.

19. Ahora viene la escena en _______________ aparece mi actor favorito.

20. El primer chico a _______________ besé era mi vecino.

정답 수: .... **/20**

3. 다음 중 올바른 선택지를 고르세요.

1. _Mi madre siempre recuerda lo que decía su madre._

2. No me sorprende lo que / que ha pasado en el trabajo. Hay mucho caos.

3. Cerca de mi casa no hay una biblioteca que / donde pueda estudiar.

4. De todos, a que / a quien más echo de menos es a mi hijo pequeño.

5. Que / los que acaban de llegar a la fiesta son mis mejores amigos.

6. En realidad, ella quien / lo que quería era ser cantante de ópera.

7. La policía aún no ha detenido a quien / a los que robaron el cuadro.

8. Que / Quien bien te quiere, te hará llorar.

9. El médico quien / con el que hablamos fue muy amable.

10. Los que / Que vinieron con nosotros estaban muy contentos.

11. El puente por que / donde hay que pasar está cerrado.

12. El apartamento en que / donde estuvimos estaba lejos del mar.

정답 수: .... **/11**

4. 필요에 따라 빈칸에 **el** 또는 **lo**를 쓰세요.

1. _Haz exactamente lo que él te diga._

2. Ese abrigo no es _____ que a mí me gustaba.

3. ¿Quién es _____ que dice eso?

4. ¿Qué es _____ que dices tú?

5. ¿Tú crees _____ que cuenta Pedro?

6. A mí, _____ que me gusta es esquiar.

7. Quiero otro libro, ya me he leído _____ que me prestaste ayer.

8. ¿Qué es _____ que llevas en el cuello?

9. Tráeme aquel, _____ que está a la derecha.

10. _____ que salga antes de la hora no podrá volver.

11. Mari Carmen ve todo _____ que sale en la tele.

12. Cuéntame todo _____ que sepas sobre ese asunto.

13. No hay más café, te has bebido todo _____ que quedaba.

14. _____ que nace en Andalucía se llama andaluz.

15. No estoy de acuerdo con _____ que dijeron en el debate.

16. ¿Te gusta este collar? Es _____ que me regaló mi padre para mi boda.

17. Espero que te guste _____ que te he comprado para tu cumpleaños.

18. No estoy de acuerdo con _____ que dijo el ministro de Economía.

정답 수: .... /17

TEMA 18   총 정답 수: .... /56

목적절

목적절		
Para	+	동사 원형
Para que	+	접속법
¿Para qué	+	직설법?

Uso

1 목적을 표현하는 종속절은 para / para que로 시작되며, 동사는 동사 원형 또는 접속법이 올 수 있습니다.

1. 동사 원형: 두 동사의 주어가 같을 때

- *He venido **para verte**.*
  (yo)　　　　(yo)

  나는 너를 보려고 왔다.

- *Pablo y Nieves están ahorrando dinero **para casarse**.*
  (ellos)　　　　　　　　　　　(ellos)

  파블로와 니에베스는 결혼하려고 돈을 모으고 있다.

2. 접속법: 주절과 종속절 두 동사의 주어가 다를 때

- *He venido **para que me cuentes** toda la verdad.*
  (yo)   (tú)

  나는 네가 모든 진실을 나에게 말해 주도록 왔다.

- *Sus padres lo han mandado a Inglaterra **para que aprenda inglés**.*
  (ellos)   (él)

  그의 부모는 그가 영어를 배우도록 그를 영국에 보냈다.

2 ¿para qué...?로 시작하는 의문문은 항상 직설법을 사용합니다.

- *¿**Para qué quieres** más dinero?, no necesitas más.*
  너는 무엇 때문에 더 많은 돈을 원하니? 너는 더 필요하지 않아.

- *¿**Para qué vas** a ir a esa reunión?, no van a decir nada nuevo.*
  너는 무엇 때문에 그 회의에 가려고 하니? 그들은 새로운 말을 하지 않을 거야.

- *¿**Para qué has comprado** tanta carne?*
  너는 무엇 때문에 그렇게 많은 고기를 샀니?

이 문장들은 종속절이 아닙니다. 다시 말해, 다른 문장에 의존하지 않는 문장입니다.

1. 이 물건들은 무엇에 쓰이나요? 두 열을 연결하여 문장을 만드세요.

1. El abanico		a. conservar las bebidas calientes.
2. El botijo		b. pegar plástico solamente.
3. Este pegamento		c. limpiar manchas difíciles.
4. Esta trituradora	sirve para	d. limpiar alfombras.
5. El termo		e. conservar el agua fresca.
6. Este quitamanchas		f. darse aire.
7. El cepillo		g. picar la carne y otros alimentos.

정답 수: .... **/6**

Ejercicios
연습 문제

2. 상자에서 알맞은 표현을 찾아 문장을 완성하세요.

> para que le preste el abrelatas
> para que no te vean los vecinos
> **para que se duerma**
> Para estar sano
> para que entre más aire
>
> para pagar las letras del coche nuevo
> Para llegar hasta allí
> para que me informen sobre
> el curso de pintura

1. *Todos los días le contamos un cuento al niño para que se duerma.*
2. _______________________ tienes que coger un avión y dos autobuses.
3. Buenos días, llamo _______________________ .
4. Sal por la puerta de atrás _______________________ .
5. _______________________ hay que cuidar la alimentación.
6. Abre la otra ventana _______________________ .
7. La vecina ha venido ya tres veces _______________________ .
8. Tiene que trabajar horas extra _______________________ .

정답 수: .... **/7**

3. 동사를 동사 원형, 직설법 또는 접속법으로 바꿔 문장을 완성하세요.

1. *Ha comprado otro archivador para organizar todos los papeles. (organizar)*
2. Están haciendo un gran esfuerzo para que sus hijos ___________ . (estudiar)
3. ¿Para qué ___________ tantas patatas?, ya tenemos bastantes. (comprar, tú)
4. Tengo que hacer maravillas para que el dinero me ___________ a final de mes. (llegar)
5. Pedro, te llamo para que me ___________ lo que se ha hablado en la reunión de hoy. (contar)
6. Tienes que ir al banco para ___________ por la subida de la hipoteca. (preguntar)
7. Yo no he venido aquí para que ___________ chismes. (contar, vosotros)
8. Dale dinero al niño para que ___________ chucherías. (comprarse)
9. ¿Para qué ___________ más harina? (querer, tú)
10. ¿Has llamado a María para que ___________ esta tarde a la reunión? (venir)
11. El médico te ha recetado los medicamentos para que te los ___________ , no para que los ___________ en el armario del cuarto de baño. (tomar, guardar)
12. Papá, envíame dinero para ___________ el alquiler del piso. (pagar)
13. ¿Para qué ___________ a Paco que vamos al cine esta tarde? (decir, tú)
14. Cierra bien la puerta para que no ___________ aire. (entrar)
15. Apaga el teléfono para que no nos ___________ nadie. (molestar)

16. Ya solo nos faltan siete días para ______________ el mes. (terminar)
17. Ana, necesito una sartén para ______________ huevos. (freír)

정답 수: .... /17

4. para / para que / para qué**와 상자의 동사를 알맞은 시제로 바꿔 문장을 완성하세요.**

> *ver* (2)   *ser   distraerse   comprar   cenar*
> *querer   reírse   echarles   salir   estar*

1. *Te he traído un regalito para que veas que me acuerdo de ti.*
2. Alquilaremos la casa del año pasado ______________ cerca de mis padres.
3. ______________ rico no es imprescindible trabajar mucho.
4. Asómate a la ventana ______________ si vienen ya los invitados.
5. Toma cinco euros, Juanjo, ______________ chucherías.
6. Tenemos que llamar a Ángel ______________ de casa y ______________
   porque está bastante deprimido.
7. Marcos hace muchas tonterías en la oficina ______________ sus
   compañeros.
8. Se pusieron sus mejores trajes ______________ con el ministro.
9. Te mandaré los papeles por correo ______________ un vistazo.
10. ¿______________ el coche? Es la tercera vez que me lo pides en una semana.

정답 수: .... /10

5. para **또는** para que**로 문장을 완성하세요.**

1. Mi socio se ha comprado un coche nuevo para ______________ .
2. El profesor levanta la voz para ______________ .
3. María tiene que ir al médico para ______________ .
4. Ha ido a Brasil para ______________ .
5. Lola le ha comprado un despertador a Andrés para ______________ .

TEMA 19   총 정답 수: .... /40

시간 부사절 I

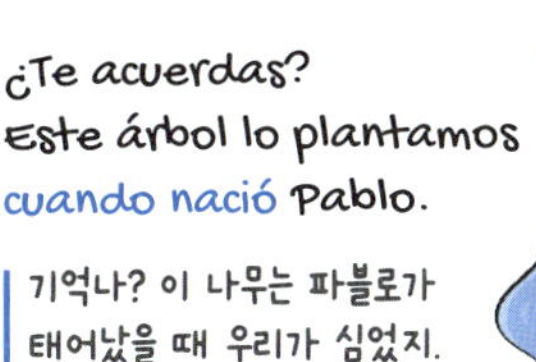

시간절		
cuando	+	직설법 / 접속법
¿cuándo	+	직설법?

1 cuando로 시작되는 시간 부사절은 직설법 또는 접속법을 사용할 수 있습니다.

1. 직설법

– 과거를 말할 때

- ***Cuando era** pequeño, vivía en Salamanca.*
  어릴 때 나는 살라망카에 살았다.

- *Ayer, **cuando llegué** a casa, llamé a Eduardo.*
  나는 어제 집에 도착했을 때 에두아르도에게 전화했다.

– 현재를 말할 때

- *Luis siempre me trae bombones **cuando viene** a verme.*
  루이스는 나를 보러 올 때마다 초콜릿을 사 온다.

- *María, **cuando quiere**, suele ser muy amable.*
  마리아는 마음만 먹으면 아주 친절해지곤 한다.

2. 접속법

– 미래를 말할 때

- ***Cuando tenga** dinero, me compraré otro coche.*
  돈이 생기면 다른 차를 살 것이다.

- ***Cuando veas** a María, dale recuerdos.*
  마리아를 보게 되면 안부 좀 전해 줘.

2 ¿cuándo...?로 시작하는 의문문은 항상 직설법을 사용합니다.

- *¿**Cuándo has venido** de tu viaje?* 너는 여행에서 언제 돌아왔니?

- *¿**Cuándo irás** a ver a tu padre?* 넌 언제 아버지를 보러 갈 거니?

- *No sé **cuándo volverá** mi hermana.* 나는 내 여동생이 언제 돌아올지 모른다.

3 때때로 cuando 절이 조건 의미를 가질 때가 있는데, 이 경우 cuando는 접속법(apruebes), si는 직설법(apruebas)을 사용합니다.

- ***Cuando apruebes** todas las asignaturas, te compraré la moto.*
  네가 모든 과목을 합격하면 내가 오토바이를 사 줄게.

- ***Si apruebas** todas las asignaturas, te compraré la moto.*
  네가 모든 과목을 합격하면 내가 오토바이를 사 줄게.

1. 알맞은 것끼리 연결해 문장을 완성하세요.

1. Cuando uno se encuentra mal
2. Él comprendió el problema
3. Cuando no duerme bien
4. Cuando llego a casa
5. Cuando tenía 18 años
6. Cuando llegamos al hotel
7. Empezaremos a cenar
8. Saldremos

a. cuando deje de llover.
b. no había habitaciones libres.
c. está de mal humor.
d. conoció a su mujer.
e. cuando lleguen los invitados.
f. cuando se lo expliqué.
g. va al médico.
h. el perro me recibe muy contento.

정답 수: .... /7

2. 예시와 같이 각 질문과 대답을 완성하세요.

1. • *Vosotros / casarse*
   ¿Cuándo os vais a casar?

   • *Nosotros / ahorrar / bastante*
   Cuando ahorremos bastante.

2. • (Tú) / hacer / tu cama

   • Terminar / la película

3. • (Tú) / venir / a mi casa

   • Tener / un rato libre

4. • Terminar / esta situación

   • Los políticos / querer

5. • (Tú) / hacer / otro viaje

   • Ellos / darme / vacaciones

6. • Ser / las elecciones

   • El presidente / convocarlas

정답 수: .... /6

3. 다음 중 가장 적절한 시제를 고르세요.

1. • *Maite, ¿cuándo vayamos / vamos a ir a la feria?*
   • *Cuando yo terminaré / termine lo que estoy haciendo.*
2. Cuando estaba cenando, lo llamaron / llaman urgentemente del hospital.
3. Cuando vayamos / iremos a esquiar, tendremos / tengamos que alquilar los esquíes.
4. Este árbol lo planté cuando nació / nazca mi hija Victoria.
5. Cuando usted beba / bebe alcohol, no conduzca.
6. Cuando mis padres murieron, mi hermano se quede / quedó con la casa.
7. Cuando era / sea joven, tuvo un accidente y pasó meses en el hospital.
8. Préstame una película, te la devolveré cuando la veré / vea.

9. Cuando vengas / vendrás a mi casa te enseñaré / enseñe las fotos de mi boda.

10. Cuando puedes / puedas, ven a echarme una mano.

11. Veré otra vez a mis amigos cuando vaya / iré a Madrid.

12. Cuando necesites / necesitarás ayuda, no dudes / dudas en llamarnos.

13. Cuando verás / veas a Pepita, dale recuerdos de mi parte.

14. Me voy fuera, te llamaré cuando volveré / vuelva.

정답 수: .... /16

4. 동사를 가장 알맞은 시제와 법(직설법 · 접속법)으로 완성하세요.

1. *Te veré otra vez cuando vuelvas a España. (volver, tú)*

2. Avísame cuando _______________ de llover. (dejar)

3. Cuando la policía _______________ el cadáver, detuvo al asesino. (descubrir)

4. Cuando _______________, ella siempre llama por teléfono. (poder)

5. Cuando _______________, llámame por teléfono. (poder, tú)

6. Cuando _______________, iba a visitar a su madre. (poder, él)

7. Cuando _______________ joven, yo vivía en Barcelona. (ser)

8. Tengo que llevar el coche al mecánico, cuando _______________ tiempo. (tener)

9. María, espérame en la cafetería cuando _______________ de clase. (salir)

10. Cuando _______________ a Rafael, dile que no puedo ir a la reunión. (ver, tú)

11. Yo, cuando un amigo me _______________, dejo de hablarle. (traicionar)

12. Aquí, cuando _______________ el accidente, murieron varias personas (haber).

13. Yo, cuando _______________ muy cansado, paro el coche y descanso. (estar)

14. Yo, cuando _______________ seguro de que me quiere, me casaré. (estar)

15. Cuando _______________ bien los verbos irregulares, me lo dices. (saber, tú)

16. Juan, avísame cuando _______________ el coche, he aparcado el mío delante del tuyo. (mover, tú)

17. Esta novela es fabulosa. Cuando _______________ de leerla, te la dejaré. (terminar, yo)

18. Y tú, Juanito, ¿qué vas a ser cuando _______________ mayor? (ser)

19. Luis, cuando _______________, es muy amable. (querer)

20. Algunos hombres solo colaboran en casa cuando ellas _______________ enfermas. (estar)

정답 수: .... /19

5. cuando 또는 si로 문장을 완성하세요.

1. *Si no puedes, no vengas a buscarme esta tarde.*

2. _______________ Jesús no aparece hoy en su trabajo, llamaremos a la policía.

3. ______________ puedas, pásate por mi casa a recoger tus herramientas.

4. ______________ no se le quita el dolor de cabeza con estas pastillas, llámeme.

5. Vamos, date prisa, ______________ llegamos tarde, el profesor no estará.

6. ______________ vayas a París, no dejes de ver el Louvre, es fabuloso.

7. ______________ ves a Adrián, dile que no se preocupe por mí, que estoy bien.

8. ______________ veas a tu madre, dale recuerdos de mi parte.

9. ______________ tenga un momento, quiero acercarme a ver a Clara.

10. ______________ a ti no te gusta esta mesa, no la compramos.

정답 수: .... /9

6. 올바른 선택지를 고르세요.

1. ¿Cuándo viajarás a Praga?
   a. Cuando voy a tener vacaciones.
   b. Cuando tenga vacaciones.
   c. Cuando tendré vacaciones.

2. ¿Cuándo vas a cambiar de coche?
   a. Cuando tenga dinero.
   b. Cuando tendré dinero.
   c. Cuando tenía dinero.

3. ¿Cuándo le viste por última vez?
   a. Cuando estuve en Madrid.
   b. Cuando estaré en Madrid.
   c. Cuando estoy en Madrid.

4. ¿Cuándo sales a bailar?
   a. Cuando estuve con amigos.
   b. Cuando estaré con amigos.
   c. Cuando estoy con amigos.

5. ¿Cuándo visitarás a tus abuelos?
   a. Cuando vaya al pueblo.
   b. Cuando iré al pueblo.
   c. Cuando fui al pueblo.

6. ¿Cuándo vas a llamarlo?
   a. Cuando voy a tener su número.
   b. Cuando tenga su número.
   c. Cuando tendré su número.

정답 수: .... /6

7. 'cuando + 접속법'을 사용하여 자유롭게 완성하세요.

1. *Iremos a la playa cuando haga buen tiempo.*

2. Tendremos un hijo ________________________.

3. Dice que se comprará un apartamento ________________________.

4. Llamaré por teléfono a Jacinto ________________________.

5. Ellos limpiarán la cocina ________________________.

TEMA 20   총 정답 수: .... /63

u 시간 부사절 II

시간절		
antes de después de hasta	}	+ 동사 원형
antes de que		+ 접속법
después de que hasta que	}	+ 직설법 / 접속법

1 antes de로 시작되는 문장은 동사 원형 또는 접속법을 쓸 수 있습니다.

1. 동사 원형: 두 동사의 주어가 동일할 때

- *¿Terminaremos **antes de comer**?*
  (nosotros)　　　　　　　(nosotros)
  우리는 점심 먹기 전에 끝낼까?

2. 접속법: 두 동사의 주어가 다를 때

- *Vamos a terminar, **antes de que venga** el jefe.*
  　(nosotros)　　　　　　　　　　(él)
  우리는 사장이 오기 전에 일을 끝낼 것이다.

2 después de (que)로 시작되는 문장은 동사 원형 또는 접속법으로 쓸 수 있습니다.

1. 동사 원형: 가장 일반적인 경우입니다.

- *Nos iremos al cine **después de cenar**.*
  우리는 저녁을 먹은 뒤에 영화관에 갈 것이다.

2. 접속법: 드물지만 두 동사의 주어가 다른 경우입니다.

- *Nos iremos al cine **después de que llegue** la canguro.*
  　(nosotros)　　　　　　　　　　　(ella)
  보모가 도착한 뒤에 우리는 영화관에 갈 것이다.

3 hasta que로 시작되는 문장은 동사가 직설법, 접속법, 동사 원형으로 올 수 있습니다.

1. 직설법: 현재나 과거에 대해 말할 때

- *Mi madre no se acuesta **hasta que yo llego**.*
  어머니는 내가 도착할 때까지 잠자리에 들지 않는다.

- *No se fue a casa **hasta que le dijeron** que no había peligro.*
  그는 위험이 없다고 말해 줄 때까지 집에 가지 않았다.

2. 접속법: 미래에 대해 말할 때

- *No cenaremos **hasta que venga** papá.*
  우리는 아버지가 올 때까지 저녁을 먹지 않을 것이다.

3. 동사 원형: 두 동사의 주어가 같을 때 동사 원형이 올 수 있습니다.

- *Bailó **hasta no poder** más.*　그는 더 이상 힘이 남지 않을 때까지 춤추었다.

1. 상자 A와 B에서 알맞은 표현을 찾아 문장을 완성하세요.

A   *antes de   después de*

B   *ver a Pedro en el hospital   salir de viaje   cruzar la calle*
*comprar un piso   **comer**   salir del trabajo   entrar*

1. *Jorge, lávate las manos antes de comer.*
2. No olvidéis apagar el ordenador ___________________________.
3. Por favor, dejen salir del tren ___________________________.
4. Me he quedado muy impresionada ___________________________.
5. Normalmente vamos a tomar algo ___________________________.
6. ___________________________, hay que mirar a derecha e izquierda.
7. ___________________________, hay que pensárselo, han subido mucho.

정답 수: .... /6

2. 예시와 같이 **antes de que**를 사용하여 한 문장으로 완성하세요.

1. *Yo / comer. Ellos / venir.*
   Yo voy a comer antes de que ellos vengan.
2. Él / hacer ese recado. Las tiendas / cerrar

   ____

3. Nosotros / salir. Ser más tarde

   ____

4. Ella / comprar el periódico. Terminarse / (el periódico)

   ____

5. Ellos / cambiarse de casa. Nacer / el niño

   ____

6. Nosotros / ordenar la casa. Venir / mis padres

   ____

7. Vosotros / comer la sopa. Enfriarse / (la sopa)

   ____

8. Yo / terminar el informe. Venir / el director

   ____

정답 수: .... /7

3. **después de, antes de, antes de que** 중에서 알맞은 것을 고르고, 동사를 가장 적절한 형태로 넣어 문장을 완성하세요.

1. *Antes de salir al extranjero, comprueba que tus documentos están en regla. (salir)*
2. Llama al fontanero, _____________ el agua _____________ al piso de abajo. (llegar)
3. Yo siempre pido permiso _____________ la ventana. (abrir)
4. Nos gusta ver la tele un rato, _____________ . (cenar)
5. Tenemos que ver a Antonio y Puri, _____________ las Navidades. (llegar)
6. El domingo, _____________ la exposición, fuimos a comer a un italiano. (ver)
7. Vamos a comprar palomitas de maíz, _____________ la película. (empezar)
8. _____________ a una entrevista de trabajo, debes prepararte bien. (Ir)
9. Federico, _____________ a Isabel, nunca había salido con ninguna chica. (conocer)
10. _____________ otro equipo de música, avísame. (Comprar)
11. _____________ la carrera de piano, Eva no ha vuelto a tocar más. (Terminar)
12. Hay que hacer algo por ellos, _____________ de hambre. (morir)
13. Mi madre, _____________ me dijo que yo era su hijo preferido. (morir)
14. _____________ con ellos, pregúntales por qué no vinieron el otro día, como habían dicho. (Enfadarse)

정답 수: .... /13

4. 동사를 알맞은 시제로 완성하세요.

1. *No podemos movernos de aquí hasta que no vengan a relevarnos.*
2. No te levantarás de la mesa hasta que no te lo _____________ todo. (comer)
3. No hagas ninguna gestión hasta que yo te lo _____________ . (decir)
4. En España, la mayoría de los jóvenes viven con sus padres hasta que _____________ . (casarse)
5. Te esperaré hasta que _____________ lo que tienes que hacer. (terminar)
6. Cuando hay un accidente de carretera, no debe mover a los heridos hasta que _____________ la ambulancia o un médico. (llegar)
7. Él gritó y gritó hasta que nosotros _____________ que se callara. (decir)
8. No me lo creeré hasta que no lo _____________ . (ver)
9. Ellos vivieron en ese piso hasta que los _____________ . (echar)
10. No me des ninguna respuesta hasta que _____________ seguro. (estar)

11. Estuvimos esperando hasta que ___________ de llover. (dejar)

12. Si yo tardo un poco, él siempre espera hasta que ___________. (llegar)

13. La gente se aburría en la fiesta, hasta que ___________ ellos y ___________ a cantar y bailar. (llegar, ponerse)

14. Si te han robado, no muevas nada hasta que ___________ la policía. (venir)

15. No puedes salir del hospital hasta que el médico no te ___________ el alta. (dar)

정답 수: .... **/15**

5. 예시와 같이 필요한 변화를 주어 새로운 문장을 만드세요.

1. Estoy terminando la novela. Después me acostaré.

Me acostaré después de terminar la novela.

2. Va a empezar a llover. Antes tenemos que comprar.

(Nosotros) ___________________ antes de que _______________________ .

3. Volverás de la reunión. Ven a verme.

(Tú) ___________________ cuando _______________________ .

4. Siempre se ducha. Después desayuna.

(Él) ___________________ después de _______________________ .

5. Los invitados van a venir. Yo voy a preparar las cosas.

(Yo) ___________________ antes de que _______________________ .

6. Voy a alquilar un piso céntrico. Después te vendrás conmigo.

(Tú) ___________________ cuando _______________________ .

7. Siempre come en casa. Después se va al bar a tomar el café.

(Él) ___________________ después de _______________________ .

8. Yo vendré a buscarte. Tú quédate aquí.

(Tú) ___________________ hasta que yo _______________________ .

9. Terminaré la universidad. Haremos un viaje por Europa.

(Nosotros) ___________________ cuando _______________________ .

정답 수: .... **/8**

6. 다음 상황에서 무엇을 먼저 혹은 나중에 해야 하는지 **antes de**와 **después de**를 활용한 조언을 쓰세요.

a) hacer un viaje largo

hacer la maleta	comprar una guía turística	sacar el billete
deshacer la maleta	descansar	enseñar a los amigos las fotos

1. Antes de hacer la maleta, tienes que sacar el billete.
Después de descansar, tienes que enseñar las fotos a tus amigos.

b) buscar un trabajo

c) buscar un piso

TEMA 21　총 **정답 수:** .... /49

SER + 형용사

¿Es necesario
regar todos los días?

| 매일 물을 줄 필요가 있니?

Bueno, depende.
Ahora, en invierno, no es necesario
que reguemos tanto.

| 글쎄, 경우에 따라 달라. 지금은 겨울이라서 우리가
| 그렇게 자주 물을 줄 필요는 없어.

Es obvio que hoy llegas tarde al colegio.

| 오늘 넌 학교에 지각할 게 뻔해.

<table>
<tr><th colspan="3" align="center">종속절</th></tr>
<tr><td>

(No) Es verdad   (아니다) 사실이다
(No) Es obvio   (아니다) 분명하다
(No) Es evidente   (아니다) 명백하다
(No) Es cierto   (아니다) 확실하다
…

</td><td>

\+ *que* + 직설법 / 접속법

</td></tr>
<tr><td>

(No) Es lógico   (아니다) 논리적이다
(No) Es difícil   (아니다) 어렵다
(No) Es conveniente   (아니다) 적절하다
(No) Es necesario   (아니다) 필요하다
(No) Es normal   (아니다) 정상이다
(No) Es mejor   (아니다) 더 낫다
(No) Es posible   (아니다) 가능하다
…

</td><td>

\+ 동사 원형 / *que* + 접속법

</td></tr>
</table>

USO 용법

1

es obvio(분명하다), es evidente(명백하다), es cierto(확실하다) que와 함께 쓰이는 종속절은 직설법이나 접속법을 사용합니다.

1. 직설법

– 주절이 긍정문일 때

- ***Es evidente que*** el tabaco ***perjudica*** la salud.
  담배가 건강에 해롭다는 것은 명백하다.

– 주절이 부정문이나 의문문일 때

- ***¿No es verdad que*** la gasolina ***ha bajado*** de precio?
  휘발윳값이 내려갔다는 것이 사실이 아닌가?

2. 접속법

– 주절이 부정문일 때

- ***No es justo que*** el acusado ***sea*** culpable.
  피고인이 유죄라는 것은 옳지 않다.

2 es lógico(논리적이다), es justo(공평하다), es necesario(필요하다), es posible(가능하다) (que)와 함께 쓰이는 종속절은 동사원형 또는 접속법을 사용합니다.

1. 동사 원형: 주어가 특정되지 않은 무인칭 일반적 진술일 때 사용합니다.

- **Es necesario ahorrar** para el futuro.
  미래를 위해 저축하는 것이 필요하다.

- **Es conveniente hacerse** una revisión médica de vez en cuando.
  가끔 건강 검진을 받는 것이 바람직하다.

2. 접속법: 종속절에 인칭 주어가 있을 때 사용합니다.

- **Es necesario que ahorres** para el futuro.
                 (tú)
  네가 미래를 위해 저축하는 것이 필요하다.

1. 상자에서 알맞은 동사를 찾아 문장을 완성하세요.

> **es** (2)   hay   tienen   ha aprobado   aprenden
> sobran   han mejorado   suele   durará

1. *Es evidente que, en ese asunto, él es el responsable de todo.*
2. ¿Es verdad que ya no ____________ entradas para el concierto?
3. Es obvio que algunas personas nunca ____________ de la experiencia.
4. Es obvio que a Julián le ____________ 30 kilos, por lo menos.
5. Es verdad que, si sigue así, no ____________ mucho en ese trabajo.
6. Es evidente que los hijos de los vecinos no ____________ ni idea de modales.
7. Es obvio que los transportes públicos ____________ mucho en los últimos años.
8. ¿Es cierto que el Gobierno ____________ nuevas medidas contra la contaminación?
9. Es evidente que la falsificación de marcas famosas ____________ un negocio que mueve miles de millones al año.
10. Es obvio que la ropa vaquera ____________ gustar a todo el mundo.

정답 수: ………   /9

2. 1번의 문장을 부정형으로 다시 쓰세요.

1. No es evidente que, en ese asunto, él sea el responsable de todo.

2. ¿No es verdad que ya no hay entradas para el concierto?

3.

4.

5.

6.

7.

8.

9.

10.

정답 수: .... **/8**

3. 주어진 동사를 동사 원형 또는 알맞은 접속법 형태로 넣어 문장을 완성하세요. 또한 언제 que를 앞에 넣어야 하는지도 기억하세요.

1. No es necesario que vengas a ayudarme. (venir)

2. Es difícil _____________ a ser una persona famosa. (llegar)

3. Es conveniente _____________ pronto de casa para no encontrar atascos. (salir, nosotros)

4. No es normal que un enfermo _____________ que esperar meses para ser operado. (tener)

5. No es lógico _____________ las tiendas tres horas a mediodía. (cerrar)

6. Yo creo que es necesario _____________ con la idea de que la sanidad pública es mala. (acabar)

7. Es mejor _____________ de lo que pasó. Nadie tuvo la culpa. (olvidarse, tú)

8. Es necesario _____________ más para mejorar los resultados de la empresa. (comprometerse, nosotros)

9. ¿Tú crees que es normal _____________ los sueldos y los precios _____________? (bajar, subir)

10. Es mejor _____________ y _____________ lo que dice el jefe. (callarse, hacer, tú)

11. No es justo _____________ tanto y otros, tan poco. (tener ellos)

12. No es necesario _____________ a ayudarme. (venir, tú)

13. Para decorar una casa, no es necesario _____________ mucho dinero. (gastarse)

14. No es necesario que _____________, no estoy sordo. (gritar, tú)

15. Es mejor _____________ hasta que os _____________. (esperar, vosotros; llamar, ellos)

16. No es necesario _____________ en hoteles que están frente a la playa para disfrutar de un viaje. (alojarse)

17. Es lógico _____________ a sus hijos. (defender, una madre)

정답 수: ....   /19

4. 다음 중 올바른 선택지를 고르세요.

1. *Es lógico que está / esté enferma, no come nada.*

2. No es justo que tu equipo gana / gane la liga.

3. Es evidente que Ernesto no tiene / tenga ni idea de mecánica.

4. ¿Crees que es necesario que volvemos / volvamos atrás?

5. No es necesario que me dices / digas lo que tengo que hacer.

6. ¿Es justo que los demás ganas / ganen más que yo por el mismo trabajo?

7. ¿Es cierto que va / vaya a cerrar la fábrica de coches?

8. Es posible que los hijos de madres trabajadoras son / sean más independientes.

9. Es obvio que María y su padre no se llevan / se lleven nada bien.

10. No es necesario que cierras / cierres la puerta del garaje con llave.

11. ¿Es seguro que van / vayan a venir hoy?

12. Es verdad que las plantas crecen / crezcan si les hablamos.

13. Es obvio que este alumno no se prepara / se preparen nada para el examen.

정답 수: ....   /12

TEMA 22   총 **정답 수**: ....   /48

U 취향과 감정 표현하기

취향과 감정을 표현하는 동사들

(no) me gusta / importa / molesta
(아니다) 나는 ～하는 것이 좋다 / 괜찮다 / 성가시다

} + 동사 원형
   + *que* + 접속법

1 종속절이 gustar(좋아하다), importar(중요하다), molestar(괴롭히다), fastidiar(짜증 나게 하다) 같은 동사들과 함께 쓰이고, me / te / le / nos / os / les 같은 대명사와 결합할 때, 동사는 동사 원형 또는 접속법이 올 수 있습니다.

1. 동사 원형: 두 동사의 논리적 주어가 같을 때

- ***No le gusta ni esquiar ni nadar.***
  그는 스키 타는 것도 수영하는 것도 좋아하지 않는다.

- *A mí **me fastidia llegar** tarde.*
  나는 늦게 도착하는 것이 짜증난다.

2. 접속법: 두 동사의 논리적 주어가 다를 때

- *A mi madre **no le gusta que yo esquíe.***
  (ella)
  우리 엄마는 내가 스키를 타는 것을 좋아하지 않으신다.

- *A mí **me fastidia que** siempre **llegues** tarde.*
  (yo)   (tú)
  나는 네가 항상 늦게 오는 것이 짜증난다.

1. 예시와 같은 방식으로 질문을 만드세요.

1. *(madrugar)*   *¿Os gusta madrugar?* 또는 *¿Les gusta madrugar?*
2. (salir de noche)

   ____

3. (recoger conchas en la playa)

   ____

4. (conducir coches de carreras)

   ____

5. (ver amanecer)

   ____

6. (hacer parapente)

   ____

정답 수: .... **/5**

연습 문제 **Ejercicios**

2. 이제 **¿te / le molesta que…?**를 사용해 질문하세요.

    1. (pedir dinero prestado, ellos)

      ¿Te / Le molesta que te / le pidan dinero prestado?

    2. (la gente, gritar)

    3. (fumar en tu presencia, ellos)

    4. (la gente, llegar tarde)

    5. (no escucharte cuando hablas)

    6. (tus amigos venir a tu casa a las tantas)

정답 수: ……… **/5**

3. 알맞은 시제를 사용하여 허락이나 부탁을 하세요.

    1. ¿Les importa que me siente aquí? **Estoy muy cansada.**

    (A ustedes, sentarse, yo)

    2. ¿________________ la música? Me duele la cabeza. (bajar, ustedes)

    3. ¿________________ un rato antes? Tengo que ir al banco. (A usted, salir, yo)

    4. ¿________________ estos documentos? No tengo impresora. (imprimir, tú)

    5. ¿________________ tu coche? El mío está en el taller. (prestar, tú)

    6. ¿________________ tu falda negra? Yo no tengo ninguna. (dejar, tú)

    7. ¿________________ el móvil en clase? (A ella, usar, vosotros)

    8. ¿________________ a los niños al colegio? (A ti, llevar, yo)

    9. ¿________________ aquí las maletas hasta las 12? (A usted, dejar, nosotros)

정답 수: ……… **/8**

4. 동사 원형 또는 접속법(현재 또는 현재 완료)으로 완성하세요. 필요한 경우 **que**를 넣는 것을 잊지 마세요.

    1. No, no me molesta que toques la guitarra mientras yo estudio. (tocar, tú)

    2. Me encanta ________________ seguir estudiando en la universidad. (querer, tú)

    3. Le entusiasma ________________ en el coro. (cantar, sus hijos)

    4. A Amparo le pone nerviosa ________________ tarde. (llegar, yo)

    5. A mi marido le encanta ________________ sus plantas. (cuidar, él)

6. ¿No te da pena ___________________ esta casa tan bonita? (vender, tú)

7. ¿Te molesta ___________________ fotos con tu cámara? (hacer, yo)

8. A ellos no les importa ___________________ mucho en vacaciones. (gastar)

9. ¿No te sorprende ___________________ del trabajo? (despedir, a él)

10. ¿A usted le pone nervioso ___________________ de noche? (conducir, usted)

11. Adolfo, ¿te importa ___________________ con este programa? No lo entiendo. (ayudar, a mí)

12. ¿Os importa ___________________ primero al zoo y después al planetario? (ir, nosotros)

13. ¿No te molesta ___________________ en un piso tan oscuro? (vivir, tú)

14. A mí me molesta muchísimo ___________________ en mi vida privada. (meterse, la gente)

15. A mis vecinos no les importa ___________________ discutir. (oír, nosotros, a ellos)

정답 수: .... **/14**

5. 당신 자신과 다른 사람들에 대해, 무엇을 **좋아하는지**, 무엇이 **불편한지**, 무엇이 **긴장되는지** 쓰세요.

A mí me gusta que los amigos me llamen cuando me necesitan.

A mí me gusta jugar a las cartas.

No me importa levantarme temprano.

A mí me pone nervioso que mi mujer corra mucho con el coche.

A mí me molesta mucho que me llamen por teléfono después de las 11.

의견과 지식 표현하기

¿Usted cree que Eduardo va a aprobar el curso?
당신은 에두아르도가 이번 과정을 합격할 것이라고 생각하나요?
Pues, la verdad, no creo que lo apruebe, porque estudia muy poco.
음, 사실은, 나는 그가 그것을 합격할 것 같지 않아요. 왜냐하면 그는 공부를 아주 조금밖에 하지 않기 때문이죠.

Estoy seguro de que les dije bien el día y la hora.
나는 그들에게 날짜와 시간을 정확히 말했다는 것이 확실해.
Pues yo no estoy tan segura de que les dijeras bien ni el día ni la hora.
음, 나는 네가 그들에게 날짜도 시간도 제대로 말했는지 그다지 확신이 없어.

취향과 감정을 표현하는 동사들

pienso 나는 ~라고 생각하다 / creo 믿다 / supongo 추측하다
estar seguro de ~을 확신하다 } + *que* + 직설법

no pienso 나는 ~라고 생각하지 않다 / no creo 믿지 않다
no estoy seguro de ~을 확신하지 못하다 } + *que* + 접속법

(no) saber + si / dónde / cómo / qué
알다(모른다)　　~인지 / 어디인지 / 어떻게인지 / 무엇인지 　　+ 동사 원형 / 직설법

1 종속절이 creer(믿다), pensar(생각하다), suponer(추측하다), imaginar(상상하다) 같은 이해·생각 동사와 함께 쓰일 때, 동사는 직설법 또는 접속법을 사용합니다.

1. 직설법: 주절이 긍정일 때

- ***Estoy segura de que llegará** tarde.*
  나는 그가 늦게 올 것이라고 확신한다.

- ***Supongo que te casarás** con Marisa, ¿no?*
  나는 네가 마리사와 결혼할 거라고 추측한다, 그렇지?

- *Y María, ¿no viene?* 그리고 마리아는, 오지 않니?

- *No, **creo que tiene** que terminar unos informes.*
  아니, 그녀는 몇 가지 보고서를 끝내야 한다고 나는 생각해.

2. 접속법: 주절이 부정일 때

- ***No estoy segura de que lo haga** bien.*
  나는 그가 그것을 잘할 것이라고 확신하지 못한다.

- ***Él no piensa que haya peligro** en lo que hace.*
  그는 자신이 하고 있는 일에 위험이 있다고 생각하지 않는다.

- *¿Y María?* 그리고 마리아는?

- ***No creo que venga.** Tiene que terminar unos informes.*
  나는 그녀가 올 것 같지 않아. 그녀는 보고서를 끝내야 해.

2 saber(알다)와 함께 쓰이는 종속절은 직설법 또는 동사 원형을 사용할 수 있습니다.

1. 직설법: 간접 의문문을 이끌 때

- *Solo ella **sabe si** Ernesto está trabajando en la misma empresa.*
  오직 그녀만 에르네스토가 같은 회사에서 일하고 있는지 알고 있다.

- *Ya **sabemos a qué** hora sale el tren de Ávila.*
  우리는 이미 아빌라행 기차가 몇 시에 출발하는지 알고 있다.

- *Ya **sabe dónde** ha puesto los informes. Estaban en su casa.*
  그녀는 보고서를 어디에 두었는지 이미 알고 있다. 집에 있었다.

2. 동사 원형 또는 직설법: saber가 부정 형태일 때

- ***No sabe** qué hacer con su hijo.* 그녀는 아들을 어떻게 해야 할지 모른다.

- ***No sabemos** por dónde vendrá el tren.* 우리는 기차가 어느 쪽으로 올지 모른다.

- ***No saben** salir de la ciudad. Están perdidos.*
  그들은 도시에서 나가는 방법을 모른다. 길을 잃었다.

1. 상자에서 알맞은 표현을 찾아 문장을 완성하세요.

> *debía olvidarla cuanto antes*   *la economía mejorará este año*
> *ahora haya más delincuencia que antes*   *tarden mucho en llegar*
> ***todavía es pronto para darte el alta***   *hoy hay correo?*

1. *El médico opina que todavía es pronto para darte el alta.*
2. Pensaba que ______________________________ .
3. No creo que ______________________________ .
4. ¿Estás segura de que ______________________________ ?
5. Yo no pienso que ______________________________ .
6. Los políticos creen que ______________________________ .

정답 수: .... /5

2. 다음 질문에 부정형으로만 답하세요.

1. • *¿Tú crees que va a ganar las elecciones el Partido Conservador?*
   • *No, no creo que el Partido Conservador gane las elecciones.*

2. • ¿Tú crees que Diego aprobará las oposiciones a notario?

•

3. • ¿Tú crees que habrá atascos a estas horas en la carretera?

•

4. • ¿Tú crees que Javier está muy enfermo?

•

5. • ¿Tú crees que ahora hay rebajas en los centros comerciales?

•

6. • ¿Tú crees que lloverá el fin de semana?

•

정답 수: .... **/5**

3. 다음 각 문장에 대한 당신의 반대 의견을 표현하세요.

1. • *Ella está segura de que la empresa va mal.*

• *Pues yo no estoy seguro de que la empresa vaya mal.*

2. • Yo creo que Antonio no está bien.

•

3. • Pienso que dejar el trabajo ahora es una locura.

•

4. • Estamos seguros de que el perro sabe volver a casa.

•

5. • La Dirección opina que hay que comprar más ordenadores.

•

6. • Ellos piensan que el papel reciclado es mejor.

•

7. • Él está muy seguro de que su equipo ganará la liga.

•

정답 수: .... **/6**

4. 예시와 같이 긍정형과 부정형으로 각 문장을 완성하세요.

1. Él / alquilar / el piso *Yo creo que él ha alquilado el piso.*

Yo no creo que él haya alquilado el piso.

2. Ellos / arreglar / el ascensor

3. Ella / vender / su coche

4. Ellos / salir de viaje

5. Su abuelo / estar / en el hospital

6. Ella / abandonar / a sus gatos

정답 수: .... **/5**

5. 가장 알맞은 시제에 밑줄을 그으세요.

1. *Mucha gente piensa que las cárceles sirven / sirvan para poco.*
2. Nosotros no creemos que hay / haya que legalizar las drogas.
3. No creen que son / sean tan ignorantes como dicen.
4. No estoy tan seguro de que ese camino lleva / lleve hasta el río.
5. ¿Estás seguro de que ese cuadro lo ha pintado / haya pintado Federico?
6. Yo no opino como tú. No creo que a los niños hay / haya que comprarles todo.
7. Supongo que no estarás / estés enfadado por lo que te dije el otro día.
8. ¿Tú crees que es / sea verdad lo que cuenta Pepe?
9. Los técnicos no creen que el ciclista llega / llegue a la meta en esas condiciones.
10. Yo creo que a estas horas no los encontrarás / encuentres en casa.

정답 수: .... **/9**

6. 상자에 있는 요소들로 완성하세요. 가능한 답이 여러 개 있습니다.

> *dónde   qué   cómo   **si**   quién   por qué   cuándo*

1. *Yo no sé si Patricia ha terminado los estudios.*
2. Yo no sé ___________ estamos esperando.
3. No sabemos ___________ no han venido todavía.
4. Él no sabe ___________ quiere su padre de regalo.
5. ¿No sabes ___________ vive Federico?
6. Todavía no sabemos ___________ volveremos de vacaciones.
7. ¿Usted sabe ___________ llamó por teléfono?
8. ¿Vosotros sabéis ___________ se enteró él de la noticia?

정답 수: .... **/7**

TEMA 24   총 **정답 수**: .... **/37**

Tema 25

소망과 필요 표현하기

Amalia, ¿puede venir un momento?
Necesito hablar urgentemente con usted.

| 아말리아, 잠시 와 줄 수 있을까요?
| 당신과 급하게 이야기할 필요가 있어요.

Federico, necesito que me hagas un favor. ¿Puedes venir esta tarde?

| 페데리코, 너에게 부탁할 일이 있어.
| 오늘 오후에 올 수 있니?

¿Quiere usted que le ayude?

| 제가 당신을 도와드리길 원하시나요?

| 사랑하는 다니에게:
| 우리는 네가 즐거운 생일을
| 보내길 바란다.
| 아나와 라몬.

바람, 선호, 필요 등을 나타내는 동사

espero 바라다
quiero 원하다　　+ 동사 원형
prefiero 선호하다　+ *que* + 접속법
necesito 필요하다

1 바람, 선호, 필요 등을 표현하는 esperar(바라다), querer(원하다), preferir(선호하다), necesitar(필요하다) 같은 동사와 함께 쓰이는 종속절은 동사 원형 또는 접속법을 사용할 수 있습니다.

1. 동사 원형: 두 동사의 주어가 같을 때

- *Hoy **quiero salir** a hacer ejercicio.*
  오늘 나는 운동하러 나가고 싶다.

- *Isabel, ¿vienes a pasear por el parque?*
  이사벨, 공원 산책하러 올래?

- *No. **Prefiero quedarme** en casa viendo la película.*
  　　　(yo)　　　　　(yo)
  아니. 나는 집에 있으면서 영화 보는 게 좋겠어.

- *Ellos **no necesitan trabajar** para vivir.*
  　　(ellos)　　　(ellos)
  그들은 살아가기 위해 일할 필요가 없다.

2. 접속법: 두 동사의 주어가 다를 때

- *¿Qué hacemos, jugamos a las cartas o te leo un cuento?*
  우리 뭐 할까, 카드놀이를 할까 아니면 내가 너에게 이야기를 읽어 줄까?

- ***Yo prefiero que me leas** un cuento.*
  　　(yo)　　　　　　(tú)
  나는 네가 나에게 이야기를 읽어 주는 것이 더 좋아.

- ***Espero que me llames** para ir al cine uno de estos días.*
  　(yo)　　　　　(tú)
  나는 네가 언젠가 나에게 전화해서 같이 영화 보러 가자고 하길 바라.

- ***Necesito que me digas** qué ha pasado.*
  나는 네가 무슨 일이 있었는지 말해 주기를 바라.

1. 상자에서 알맞은 동사를 찾아 문장을 완성하세요. 각 동사는 두 번씩 사용됩니다.

Necesitas	*Prefiero*	**No quiero**	*Espero*

1. No quiero que te levantes de la cama, estás fatal.

2. _______________ que mi equipo gane la liga este año.

3. _______________ llegar a tiempo a la reunión, ya solo faltan 5 minutos.

4. _______________ llegar tarde.

5. _______________ que alguien te ayude.

6. _______________ comprarme un libro, no quiero más tableta.

7. _______________ descansar, pareces cansado.

8. _______________ ir andando, está muy cerca.

정답 수: .... **/7**

2. 알맞은 것끼리 연결하여 문장을 완성하세요.

1. ¿A quién quiere   a. venir con nosotros?

2. ¿Para qué queréis   b. hacer esta tarde?

3. ¿Por qué quieres   c. sentarse los señores?

4. ¿Qué quieren   d. cambiarte de piso otra vez?

5. ¿Dónde quieren   e. ver usted?

6. ¿Qué quieres   f. tomar ustedes?

정답 수: .... **/5**

3. 상자에서 동사를 찾아 알맞은 접속법 형태로 바꿔 문장을 완성하세요.

elegir	*ir*	*ayudar*	**ser**	*gastar*
acabar	*prestar*	*saber*	*ganar*	

1. No les digas nada de la fiesta a tus amigos. Quiero que sea una sorpresa.

2. Pablo está otra vez sin coche. Necesita que tú le _______________ el tuyo.

3. • Mañana juegan el Real Madrid y el Deportivo de La Coruña.

   • ¿Sí? Yo prefiero que _______________ el Deportivo.

4. Apaga la luz, mi madre no quiere que _______________ tanto.

5. • ¿A qué restaurante vamos?

   • No sé, prefiero que _______________ tú.

6. • ¿Cómo va la reforma de vuestra cocina?

   • Esperamos que los albañiles _______________ antes de final de mes.

7. ¿Vas a dejar el trabajo? Espero que _______________ bien lo que haces.

8. Él no puede hacerlo todo solo. Necesita que alguien le ________________ .

9. • ¿Qué han dicho tus tíos?

   • Que quieren que nosotros ________________ a su casa para Navidad.

정답 수: ……… **/8**

4. 동사 원형 또는 접속법으로 완성하세요. 필요한 경우 앞에 **que**를 넣는 것을 잊지 마세요.

1. ¿Quieres casarte conmigo? (casarse)

2. Yo prefiero ________________ en el departamento comercial. (trabajar)

3. Invitamos a Lola a la boda, pero ella no quiso ________________ . (venir)

4. Espero ________________ antes de las 12. (volver, tú)

5. Deseo ________________ muy felices. (ser, vosotros)

6. Adiós, esperamos ________________ pronto otra vez. (ver, a vosotros)

7. ¿Necesitas ________________ con el niño, y tú haces la compra? (quedarme, yo)

8. Necesito ________________ un favor, ¿puedes traerme el pan? (hacer, tú a mí)

9. ¿Dónde queréis ________________ de vacaciones? (ir, nosotros)

10. ¿Dónde está la secretaria?, necesito ________________ con ella. (hablar)

11. Preferimos ________________ en un colegio público. (estudiar, nuestros hijos)

12. Espero ________________ a mi fiesta de cumpleaños. (venir, tú)

13. Deseo ________________ para mi hija mayor. (ser, mis cuadros)

14. Necesito ________________ la verdad sobre mi enfermedad. (decir, ellos a mí)

15. Mañana quiero ________________ aquí sin falta. (ver, a ti)

16. Su padre no quiere ________________ es muy joven. (independizarse, él)

17. Si él espera ________ le ________ perdón, está equivocado. (pedir, yo a él)

18. No quiero ________________ salir de aquí a estas horas. (ver, ellos a mí)

19. No haré eso, no quiero ________________ en la cárcel. (acabar)

20. No vayas andando, prefiero ________________ un taxi. (pedir, tú)

정답 수: ……… **/20**

5. 예시와 같이 도움을 제안하세요.

1. Usted / yo / ayudar / a usted
   ¿Quiere que le ayude?

2. Vosotros / yo / quedarse / con los niños

   ____

3. Tú / yo / llevar al aeropuerto / a ti

   ____

4. Tú / yo / traer el periódico / a ti

   ____

5. Tú / yo / ir al médico contigo

6. Vosotros / yo / llamar a vuestra familia

7. Vosotros / nosotros / esperar en la cafetería

8. Vosotros / yo / hacer la compra

9. Tú / yo / hablar con ella

10. Usted / yo / venir el sábado a trabajar

정답 수: .... 　/9

6. 배운 내용을 사용하여 여러 문장을 작성하세요.

1. Espero que

2. No queremos

3. Necesitan

4. Preferimos

TEMA 25　총 **정답 수:** .... 　/49

U · 간접화법 Ⅱ

필라르, 나 엄마야. 오늘 오후에 전화해 줘, 부탁해.

필라르, 너희 엄마가 전화해서 네가 오늘 오후에 전화해 달라고 하셨어.

Y, sobre todo, no coma dulces.

그리고 특히, 단것은 먹지 마세요.

Javier, el médico te dijo que no comieras dulces.

하비에르, 의사 선생님이 너에게 단것을 먹지 말라고 하셨잖아.

명령 · 요청의 동사 + que + 접속법		
직접 화법	도입 동사	간접 화법
명령형	현재 / 현재 완료	접속법 현재형
명령형	현재 완료 / 불완료 과거 / 단순 과거 / 과거 완료	접속법 과거형

- **규칙 동사**

접속법 불완료 과거

cantar 노래하다	comer 먹다	vivir 살다
cantara	comiera	viviera
cantaras	comieras	vivieras
cantara	comiera	viviera
cantáramos	comiéramos	viviéramos
cantarais	comierais	vivierais
cantaran	comieran	vivieran

- **불규칙 동사**

접속법 불완료 과거는 단순 과거와 같은 불규칙 형태입니다.

	단순 과거	접속법 불완료 과거
decir 말하다	dijeron	dijera, dijeras...
estar ～이다 (상태), ～에 있다	estuvieron	estuviera, estuvieras...
ir, ser 가다, ～이다	fueron	fuera, fueras...
poder 할 수 있다	pudieron	pudiera, pudieras...
poner 놓다, 두다	pusieron	pusiera, pusieras...
tener 가지다	tuvieron	tuviera, tuvieras, ...
venir 오다	vinieron	viniera, vinieras, ...

간접 화법에서는 말하는 사람이 다른 사람의 메시지를 몇 가지 변화를 주어 전달합니다.

1

직접 화법	간접 화법

Él dice/ha dicho:
그는 말한다/말했다.

Él dice/ha dicho que...
그는 ～라고 말한다/말했다.

«Haz los deberes».
"숙제를 해라."

... hagas los deberes.
숙제를 하라고…

Él ha dicho/decía/dijo/había dicho:
그는 말해 왔다/말하곤 했다/말했다/말했었다.

Él ha dicho/decía/dijo/había dicho que...
그는 ～라고 말해 왔다/말하곤 했다/말했다/말했었다.

«Haz los deberes».
"숙제를 해라."

... hicieras los deberes.
숙제를 하라고…

2 명령, 부탁 등을 전달할 때(예: me ha pedido(나에게 부탁했다), me ha ordenado(명령했다) 등), 종속절은 접속법을 사용합니다.

- *Mi jefe **me ha pedido que me quede** una hora más para terminar el trabajo.*
  내 상사는 일을 끝내기 위해 한 시간 더 남아 달라고 나에게 요청했다.

- *El ministro **pidió** a la nación **que hiciera** un esfuerzo más.*
  장관은 나라에 한 번 더 노력해 달라고 요청했다.

1. 예시와 같이 직접 화법을 간접 화법으로 바꾸세요.

1. *«Llámame por teléfono».*
   Él me ha pedido que le llame por teléfono.

2. «Ven a verme».
   Él ha dicho que _________________________________ .

3. «No vengáis antes de las seis».
   Ella ha dicho que _________________________________ .

4. «Cómprame el periódico, por favor».
   Él me ha pedido que _________________________________ .

5. «No vuelvas tarde».
   Mi madre siempre dice que _________________________________ .

6. «Cerrad la puerta con llave».
   Él nos manda que _________________________________ .

7. «Ponte los otros pantalones».
   Él me ha dicho que _________________________________ .

8. «No le digas nada a Olga».
   Ella me ha mandado que _________________________________ .

9. «Escuchadme».
   La profesora nos pide que _________________________________ .

10. «Pasen por aquí».
    El policía ha ordenado que _________________________________ .

정답 수: .... /9

2. 어머니가 말한 내용을 완성하세요.

1. *«Mamá, Óscar no está estudiando la lección».*
   Madre: «Dile a Óscar que la estudie».
2. «Mamá, Daniel no pone la mesa».
   Madre: «Dile a Daniel que _________________________».
3. «Mamá, papá no me ayuda».
   Madre: _________________________
4. «Mamá, María no me da el lápiz».
   Madre: _________________________
5. «Mamá, Beatriz se va ya a su casa».
   Madre: _________________________
6. «Mamá, Paco se está comiendo todos los caramelos».
   Madre: _________________________

정답 수: .... /5

3. 예시를 보고 알맞게 완성하세요.

1. *Escribir*	*(yo)*	*escribiera*	*(nosotros)*	*escribiéramos*
2. Llamar	(tú)		(ustedes)	
3. Salir	(él)		(vosotros)	
4. Recoger	(usted)		(nosotros)	
5. Abrir	(tú)		(ellos)	
6. Beber	(ella)		(ustedes)	
7. Saludar	(usted)		(ellos)	
8. Acostarse	(yo)		(nosotros)	
9. Encontrar	(ella)		(vosotros)	
10. Buscar	(él)		(ellos)	

정답 수: .... /9

4. 다음 불규칙 동사 목록을 완성하세요.

1. *Ser*	*(yo)*	*fuera*	*(nosotros)*	*fuéramos*
2. Traer	(tú)		(vosotros)	
3. Venir	(él)		(ustedes)	
4. Leer	(ella)		(nosotras)	
5. Pedir	(usted)		(ellos)	
6. Dormir	(ella)		(ustedes)	
7. Ir	(tú)		(vosotras)	

8. Volver	(él)	_________	(ellas)	_________
9. Decir	(yo)	_________	(nosotros)	_________
10. Ver	(usted)	_________	(vosotros)	_________
11. Dar	(él)	_________	(ustedes)	_________
12. Poner	(ella)	_________	(ellos)	_________
13. Hacer	(yo)	_________	(ellas)	_________
14. Poder	(usted)	_________	(nosotras)	_________
15. Saber	(yo)	_________	(vosotras)	_________
16. Tener	(ella)	_________	(ellos)	_________

정답 수: .... **/15**

5. 동사 **decir**의 시제를 바꾸어, 연습 문제 1번을 다시 하세요.

1. Él me dijo que le llamara por teléfono.

2. ____

3. ____

4. ____

5. ____

6. ____

7. ____

8. ____

9. ____

10. ____

정답 수: .... **/9**

6. 간접 화법으로 바꾸세요.

1. *«No me esperes a comer, tengo mucho trabajo en la oficina».*
   Aurelio me dijo que no le esperara, que tenía mucho trabajo en la oficina.

2. «Ven a recogerme a casa, tengo el coche en el taller».
   Ana me pidió que ________________________________ .

3. «Estoy preocupada, quiero hablar contigo, espérame a la salida de la clase».
   Julia me contó que _______________________________ .

4. «Vuelva usted mañana, el coche ya estará arreglado».
   Usted me dijo ayer que ___________________________ .

5. «Haced los ejercicios de la lección».
   Yo os dije que ___________________________________ .

6. «Apaga la tele, me duele la cabeza».

   Mi madre me mandó que ___________________________________ .

7. «No te preocupes, yo haré la cena».

   Mi mujer me dijo que ___________________________________ .

8. «Hazme un bocadillo, tengo hambre».

   Jorge me pidió que ___________________________________ .

9. «No puedo ir a buscaros porque tengo una reunión importante».

   Él nos dijo que ___________________________________ .

10. «¿Quieres comer?, he hecho paella».

    Ella me preguntó ___________________________________ .

11. «Déjame 30 euros, te los devolveré mañana».

    Francisco me pidió ___________________________________ .

12. «Si no llego a tiempo, no me esperéis».

    Él dijo que ___________________________________ .

13. «Cuando llegues a París, escríbenos un WhatsApp, por favor».

    Mis padres me pidieron que ___________________________________ .

14. «No salgáis de casa, hace demasiado frío».

    Mamá dijo que ___________________________________ .

정답 수: .... **/13**

7. 필요에 따라 **pedir** 또는 **preguntar**를 알맞은 시제로 넣어 완성하세요.

1. *Elena me pidió que le comprara una nueva edición del Quijote.*

2. Ellos nos _______________ cómo nos había ido el viaje y si habíamos comido.

3. Como no entendía nada, le _______________ a la profesora que hablara más despacio.

4. Antes de enviar el CV, me _______________ si podía corregirlo.

5. Mi padre me _______________ dónde voy a ir de vacaciones.

6. La dueña del piso nos _______________ que dejáramos todo como lo habíamos encontrado.

7. El director me _______________ cuánto tiempo llevaba estudiando Filosofía.

8. Santiago me _______________ si estaba contento con este trabajo.

9. Manolo me _______________ que revise yo los exámenes.

10. Los niños _______________ si vamos a ir al circo.

정답 수: .... **/9**

8. 수사나는 진료를 보러 갔고, 의사는 그녀에게 여러 가지 조언을 해 주었습니다.

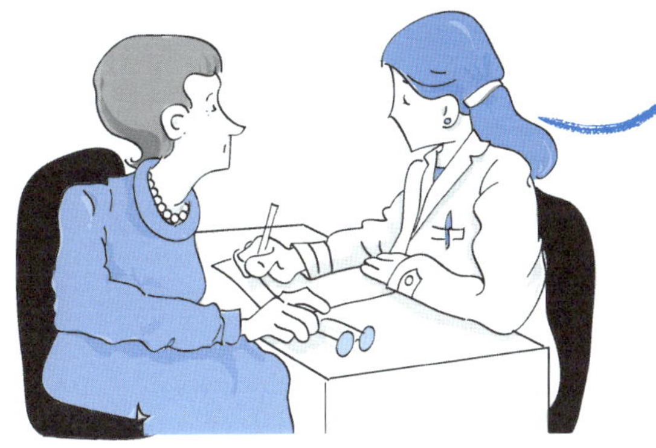

다음 날, 직장 동료가 그녀에게 의사가 뭐라고 말했는지 묻습니다. 그 내용을 완성해 볼까요?

정답 수: .... /4

TEMA 26 총 **정답 수**: .... /73

접속법으로 평가 표현하기

평가하는 데 쓰이는 표현

Es + 명사 (*una pena / lástima / vergüenza*)
~하는 것은 (유감이다 / 아쉽다 / 부끄럽다)

Es + 형용사 (*raro / triste / horrible*)
~하는 것은 (이상하다 / 슬프다 / 끔찍하다)

¡Qué + 명사 / 형용사 (*qué pena / qué raro*)
~하는 것은 (정말 유감이다 / 정말 이상하다)

+ *que* + 접속법 현재 / 접속법 현재 완료

접속법 현재 완료

'동사 haber의 접속법 현재형 + 과거 분사'로 만들어집니다.

동사 haber의 접속법 현재형	+ 과거 분사
haya	
hayas	
haya	cantado / bebido / salido
hayamos	
hayáis	
hayan	

접속법 현재 완료는 이미 끝난 과거의 행위를 나타냅니다.

1 접속법이 필요한 모든 상황에서 사용합니다.

- ***Cuando hayas estudiado** todos los verbos, te los preguntaré.*
  모든 동사를 다 공부했으면, 내가 너에게 그것들을 물어볼 거야.

- *En Valencia ha llovido mucho. ¡Ojalá **no se haya desbordado** el río!*
  발렌시아에 비가 많이 왔다. 부디 강이 범람하지 않았기를!

2 es una pena(안타깝다) / es estupendo(훌륭하다) / qué alegría(기쁘다)와 같이 의견, 감정, 가치 판단을 표현하는 문장은 접속법을 사용합니다. 그 표현이 다른 과거 사건보다 앞선 과거의 일을 말할 때는 접속법 현재 완료를 사용합니다.

- ***Es una pena que no hayáis venido*** *al concierto. Ha sido estupendo.*
  너희가 콘서트에 오지 않았다는 것은 안타까운 일이야. 그것은 정말 훌륭했단다.

- ***No es raro que no haya habido*** *ninguna llamada. El teléfono no funciona.*
  전화가 한 통도 없었다고 해도 이상하지 않아. 전화기가 작동하지 않거든.

- ***¡Qué triste que no haya podido venir*** *a la boda!*
  그가 결혼식에 오지 못했다니 정말 슬픈 일이야!

1. 접속법 현재 완료로 문장을 완성하세요.

1. *La profesora nos dirá el resultado cuando haya corregido los exámenes.* (corregir)
2. No creo que Pedro ______________ ese error al enviar el correo. (cometer)
3. ¿Qué hora es? Puede que el súper ______________ ya. (abrir)
4. Me cambio de piso el lunes, antes de que me ______________ los muebles. (traer, ellos)
5. Avísame cuando ______________ los platos en la mesa. (poner, tú)
6. No me gusta que no me ______________ qué ha pasado. (decir, vosotros)
7. Queremos ver esa película, aunque ya la ______________. (ver , nosotros)
8. Te explicaré todo cuando ______________ de vuestro viaje. (volver, vosotros)
9. Déjame el informe en la mesa cuando lo ______________. (hacer, tú)
10. Cuando ______________ el vestido, verás qué guapa estás. (ponerte, tú)

정답 수: .... **/9**

2. 예시와 같이 qué pena 또는 qué raro로 답하세요.

1. *Él siempre viene a buscarme al aeropuerto, pero hoy no ha venido.*
   ¡Qué raro que no haya venido a buscarme!
2. *Ella se ha quedado sin trabajo.*
   ¡Qué pena que se haya quedado sin trabajo!
3. Ellos salen todos los fines de semana y este no han salido.

   ____

4. Ellos se llevaban bien, pero se han divorciado.

   ____

5. Los vecinos eran muy simpáticos, pero se han mudado de piso.

6. Las vacaciones ya han terminado. Volvemos a casa.

7. El empleado del banco se ha marchado sin decir nada.

8. Alejandro ha suspendido Matemáticas esta evaluación.

9. Los precios de los productos lácteos han bajado.

10. Compramos los muebles hace un mes y aún no los han traído.

정답 수: .... /8

3. 동사를 접속법 현재 또는 접속법 현재 완료로 넣어 완성하세요.

1. Es una pena que Ignacio no venga a la excursión este domingo.

2. Es curioso que Isabel no haya venido a clase.

3. ¡Qué raro que no ________________ el partido, son ya las ocho! (empezar)

4. Es estupendo que tu hijo ________________ ir a la universidad. (querer)

5. Es raro que vosotros no ________________ a Alicia, vive al lado. (conocer)

6. Es una lástima que ella no ________________ nada de su hermana. (saber)

7. Es triste que ellos no ________________ de esa noticia. (enterarse)

8. Es una maravilla que los jóvenes ________________ en el extranjero. (estudiar)

9. Es raro que él no ________________ todavía, es muy puntual. (llegar)

10. ¡Qué raro que no ________________ a los niños!, ¿dónde estarán? (oír, nosotros)

11. ¡Qué pena que no ________________ mi colección de insectos! (ver, vosotros)

12. ¡Es raro que él no ________________ deporte! Es muy inquieto. (hacer)

13. ¡Qué alegría que tú ________________ tiempo libre para visitarme! (tener)

14. ¿Tenéis prisa? ¡Qué pena que ________________ tan pronto! (irse, vosotros)

15. Es una vergüenza que lo ________________. Era muy trabajador. (despedir)

16. ¡Qué raro que mi madre no ________________ al teléfono! Debería estar en casa. (contestar)

17. Es una alegría que mis padres ________________ tan pronto. (llegado)

18. No es extraño que no ________________, a estas horas está durmiendo. (contestar)

정답 수: .... /16

4. 다음 문장을 자유롭게 완성하세요.

1. Es extraño que ____ .
2. No es raro que ____ .
3. ¡Qué pena que ____ .
4. Es estupendo que ____ .
5. ¿No es horrible que ____ .
6. ¡Qué alegría que ____ .
7. Es una tristeza que ____ .
8. ¡Qué vergüenza que ____ .

TEMA 27　총 **정답 수**: .... 　/33

U — ME GUSTARÍA + 동사 원형 / 접속법

실현하기 어려운 바람을 표현하기

me / te / le... gustaría   **+** 동사 원형
           + *que* **+** 접속법 과거형

접속법 과거형

-ar로 끝나는 동사 (cantar 노래하다)		-er, -ir로 끝나는 동사 (beber 마시다, vivir 살다)	
cantara	/ cantase	어간 + -iera	/ 어간 + -iese
cantaras	/ cantases	어간 + -ieras	/ 어간 + -ieses
cantara	/ cantase	어간 + -iera	/ 어간 + -iese
cantáramos	/ cantásemos	어간 + -iéramos	/ 어간 + -iésemos
cantarais	/ cantaseis	어간 + -ierais	/ 어간 + -ieseis
cantaran	/ cantasen	어간 + -ieran	/ 어간 + -iesen

1 감정 동사를 사용하는 종속절에서는 동사가 동사원형 또는 접속법으로 올 수 있습니다. (Tema 23 참조)

2 주절의 동사가 가능법일 때, 종속절의 동사는 동사 원형 또는 접속법 불완료 과거로 올 수 있습니다.

1. 동사 원형: 두 동사의 주어가 같을 때

- *A ellos **les gustaría salir** más los domingos.*
  그들은 일요일에 더 자주 외출하고 싶어 합니다.

- ***Me gustaría llegar** pronto a casa.*
  나는 집에 빨리 도착하고 싶습니다.

2. 접속법: 두 동사의 주어가 다를 때

- *A ellos **les gustaría que su hijo fuera** médico o abogado.*
  그들은 아들이 의사나 변호사가 되기를 바랍니다.

- ***Me gustaría que mis nietos llegasen** pronto a casa.*
  나는 손주들이 집에 빨리 도착하기를 바랍니다.

1. 다음 문장을 읽고 네 개의 틀린 문장을 찾아 고치세요.

1. A ella le gustaría no estuviera tan delgada. Incorrecta.
　A ella le gustaría no estar tan delgada.

2. ¿A ti te gustaría fueras médico?

3. Nos gustaría vivir en el Caribe.

4. A él le gustaría que le ascender en la empresa.

5. A nosotros nos gustaría compráramos un chalé en la sierra.

6. ¿A usted le gustaría que le robaran la cartera?

7. A ellos les gustaría que les tocara un viaje a África.

정답 수: ....　/6

2. 동사 원형 또는 접속법 불완료 과거로 문장을 완성하세요. 언제 que를 붙여야 하는지 기억하세요.

1. Me gustaría que tuvieras más paciencia con los vecinos. (tener, tú)

2. ¿Os gustaría _______ la excursión? (repetir, vosotros)

3. A él le gustaría _______ de trabajo, pero es muy difícil. (cambiar, él)

4. A ella le gustaría _______ tanto con el coche. (no correr, él)

5. Nos gustaría que _______ a los animales. (respetar, ellos)

6. ¿Te gustaría _______ al cine mañana? (ir, tú)

7. ¿Te gustaría _______ al cine mañana? (ir, nosotros)

8. Nos gustaría mucho _______ más cerca. (vivir, vosotros)

9. Me gustaría que las calles de Madrid _______ más limpias. (estar)

10. No me gustaría nada _______ a llover ahora. (ponerse)

11. A ella le gustaría _______ los problemas que hay en los hospitales,
　 que _______ listas de espera. (arreglarse, no haber)

12. ¿A ti te gustaría _______ un yate? (tener, tú)

13. Nos gustaría _______ temprano y salir pronto. (desayunar, nosotros)

14. Me gustaría _______ menos la televisión. (ver, vosotros)

15. Nos gustaría _______ música. (aprender, nuestros hijos)

정답 수: ....　/15

3. 각 상황마다 하나의 바람을 표현하세요.

1. Eres una mujer trabajadora, con hijos, y tu marido llega muy tarde del trabajo.
Me gustaría que mi marido llegara antes a casa.

2. Siempre tienes mucho trabajo. Te encanta jugar al golf, pero no tienes tiempo.

3. Sois una pareja con niños, queréis ir de vacaciones a Canarias, pero el avión es muy caro.

4. Pronto será Navidad, y necesitas cambiar de ordenador. Tus padres pueden regalártelo.

5. Eres atleta. Dentro de dos años se celebrarán las Olimpiadas.

6. Parece que va a llover. Habéis planeado una salida a la playa para mañana.

7. Vosotros queréis que unos amigos vengan de vacaciones a vuestra casa.

8. Vives en una ciudad y no te gusta. Te gusta mucho el campo.

정답 수: ....　**/7**

4. me gustaría와 **me gustaría que**를 사용해 개인적인 바람을 표현하세요. 가능하거나 불가능한 바람이어도 됩니다.

1. Me gustaría aprender a pilotar un avión.
Me gustaría que vinieras a mi casa el domingo.

2. ______

3. ______

4. ______

5. ______

6. ______

조건문

Si te levantas tarde, llegas tarde.

늦게 일어나면 결국 늦게 가게 돼.

Debe de ser: ¡Si conduce, no beba!

운전할 거면 술 마시지 마세요!

¿Qué quiere decir?

무슨 뜻이에요?

Si yo fuera ministra de Educación,
prohibiría los programas violentos.

만약 내가 교육부 장관이라면,
폭력적인 프로그램을 금지할 거야.

Si no corrieras tanto,
no nos pondrían tantas multas.

네가 그렇게 빨리 달리지 않는다면,
우리에게 그렇게 많은 벌금을 부과하지 않을 텐데.

<table>
<tr><td colspan="2" align="center">si를 사용하는 조건문</td></tr>
<tr><td align="center">종속절</td><td align="center">주절</td></tr>
<tr><td>si + 직설법 현재
si + 접속법 불완료 과거</td><td>직설법 현재 / 미래 / 명령형
가능법</td></tr>
</table>

Uso

1 조건문은 조건을 표현하는 종속절입니다. 이러한 문장에는 연결어가 필요하며, 그 연결어는 si입니다.

- *Abriré la ventana **si** tienes calor.*
  나는 네가 더우면 창문을 열게.

- ***Si** me lo pidiera, iría a buscarla.*
  네가 그것을 부탁한다면, 나는 그녀를 데리러 가겠다.

2 si를 사용하는 조건문은 다음과 같이 나눌 수 있습니다.

1. 가능한 조건: si로 시작하는 종속절에는 직설법 현재를 쓰고, 주절에는 미래, 현재 또는 명령형을 사용합니다.

- ***Si ella viene**, le **diré** la verdad.*
  그녀가 온다면, 나는 그녀에게 진실을 말할 것입니다.

- ***Si podemos, vamos** a casa de tu hermano.*
  우리가 가능하다면, 네 형의 집에 갈 거예요.

- ***Si ves a Cristina, dale** recuerdos de mi parte.*
  네가 크리스티나를 만나면, 내 안부를 전해 줘.

2. 비현실적이거나 가능성이 낮은 조건: si로 시작하는 종속절에는에는 접속법 불완료 과거를 쓰고, 주절에는 가능법을 사용합니다.

- ***Si tuviera** tiempo, **haría** algún deporte.*
  시간이 있다면, 나는 운동을 할 텐데.

- ***Si vinieras** pronto, **iríamos** a montar en bici.*
  네가 일찍 온다면, 우리는 자전거를 타러 갈 텐데.

- ***Podríamos** ir a la playa ahora si **viviéramos** cerca del mar.*
  우리는 바다 근처에 산다면 지금 해변에 갈 수 있을 텐데.

1. 알맞은 형태로 완성하세요.

	접속법 불완료 과거	가능법
1. *Tener*	*tuviera*	*tendría*
2. Ser		
3. Poder		
4. Venir		
5. Ir		
6. Salir		
7. Decir		
8. Estudiar		
9. Beber		
10. Hacer		
11. Poner		
12. Escribir		
13. Dormir		
14. Pedir		

정답 수: .... **/26**

2. 다음을 알맞게 연결하여 문장을 완성하세요.

Si

1. Manuel tuviera vacaciones
2. estudiaras más
3. encontrara otro trabajo
4. te levantaras antes
5. mi madre viviera cerca
6. durmieras suficiente
7. no hiciera tanto frío

a. ahora no tendrías sueño.
b. no llegarías tarde siempre.
c. aprobarías.
d. haríamos un viajecito.
e. le dejaría al niño.
f. dejaría este.
g. saldría a dar un paseo.

정답 수: .... **/6**

3. 해당하는 동사에 밑줄을 그으세요.

1. *Si yo fuera / sea ministro de Educación, prohibiría la violencia en la tele.*
2. Si los niños serían / fueran mayores, podríamos dejarlos solos.
3. Si mi madre estuviera / estará mejor de salud, me ayudaría en casa.
4. Yo iría / iré más a tu casa si vivieras más cerca.
5. Si hiciera / hará buen tiempo, iríamos a pescar este fin de semana.

6. ¿Bailarías / Bailarás con Antonio si él te lo pidiera?

7. Si tuviéramos / tendríamos vacaciones en invierno, iríamos a esquiar.

8. Trabajaría / Trabajara más contento si tuviera mejor horario.

정답 수: .... **/7**

4. 예시와 같이 문장을 완성하세요.

1. *hacer ejercicio / estar en forma. (tú)*
   Si hicieras ejercicio, estarías en forma.

2. no llover / salir a dar una vuelta. (yo)

   ____

3. saber informática / encontrar un trabajo. (tú)

   ____

4. tener más dinero / poder cambiar de piso. (vosotros)

   ____

5. querer / poner su propia empresa. (ellos)

   ____

6. tener tiempo / aprender a tocar algún instrumento. (yo)

   ____

7. tener dinero / invitarte a cenar en un restaurante. (yo)

   ____

8. ¿tocar la lotería / dejar de trabajar? (tú)

   ____

9. poder / irse a una isla. (yo)

   ____

정답 수: .... **/8**

5. 동사를 알맞은 시제로 쓰세요.

1. *Si te levantaras más temprano, no llegarías tarde al trabajo. (levantarse)*
2. Si _______________ mal, ve al médico. (encontrarse)
3. _______________ este sillón si fuera más pequeño. (comprar, nosotros)
4. Si _______________ tiempo, iré a verte. (tener)
5. Si _______________, no saldremos a la calle. (nevar)
6. Si _______________ por el quiosco, compra el periódico. (pasar)

7. Si _______________ a Víctor, dile que me llame. (ver)

8. Si me _______________, llámame. (necesitar)

9. _______________ acabar la carrera, si quisieras estudiar. (Poder)

10. Si _______________ hambre, hazte un bocadillo. (tener)

11. Si no _______________ tanto, tendrías tiempo para tu familia. (trabajar)

12. Si mi jefe supiera que llego tarde, me _______________. (despedir)

13. Si no corrieras tanto, no te _______________ tantas multas. (poner)

14. Si no _______________ la aspiradora, devuélvesela a Ana. (necesitar)

15. Si no _______________ películas de terror, no tendrían pesadillas. (ver)

정답 수: .... **/14**

6. 이 정보를 사용해 가능한 조건문(P) 또는 비현실적인 조건문(I)을 쓰세요.

1. (Tú) Hacer ejercicio cada día / estar en forma (P)
Si hicieras ejercicio cada día, estarías en forma.

2. (Yo) Comprar entradas para el teatro / (tú) venir conmigo (I)

____

3. (Yo) Comprar otro móvil / no poder reparar este. (P)

____

4. (Vosotros) Estar contentos con vuestra casa / no pensar en cambiar (I)

____

5. (Tú) Doler la espalda / no sentarte bien delante del ordenador (P)

____

6. (Él) No tener cuidado / no tener una mascota (P)

____

7. (Usted) No llamar al fontanero / el grifo seguir perdiendo agua. (I)

____

8. (Vosotras) No pasar de curso / estudiar durante el verano. (I)

____

9. (Ustedes) Tener una pregunta / levantar la mano (P)

____

10. (Nosotros) Decir la verdad / (Ellos) no enfadarse con nosotros. (I)

____

정답 수: .... **/9**

7. 다음 문장을 완성하세요.

1. Si yo viviera en Andalucía, ____ .
2. Si no me doliera tanto la cabeza, _______________________________________ .
3. Si él fuera más guapo, ____ .
4. Iría más a verte si tú ____ .
5. Si no estás a gusto en ese trabajo, _____________________________________ .
6. Yo saldría de noche si ____ .
7. Yo hablaría mejor el español si ____ .
8. Si tenemos suerte, ____ .
9. Si yo fuera Presidente del Gobierno, ____________________________________ .

정답 수: .... /9

TEMA 29　총 정답 수: .... /79

Tema 30

양보절
aunque 비록 ~지만   +   직설법 / 접속법

aunque(비록 ~지만)로 시작하는 양보 종속절에서는 동사가 직설법이나 접속법으로 올 수 있습니다.

1. 직설법

다음과 같은 경우에 주로 사용합니다.

- 과거에 대해 말할 때

- ***Aunque regaba*** *las plantas todos los días, se han secado.*
  비록 매일 식물에 물을 주었지만, 말라 버렸어요.

- *Ayer,* ***aunque no tenía*** *ganas, fui al cine.*
  어제는, 비록 내키지는 않았지만, 영화관에 갔어요.

- 현재나 미래에 대해 말할 때: 특히 화자가 그 '양보'의 사실을 매우 확신하거나, 그것이 실제적인 어려움을 나타낼 때

- ***Aunque tiene*** *ya 92 años, mi abuelo* ***está*** *estupendamente.*
  이미 92살이지만, 우리 할아버지는 아주 건강하세요.

- ***Aunque no sabe*** *nada de pedagogía,* ***la han contratado*** *como profesora.*
  비록 교육학에 대해 아무것도 모르지만, 그녀는 교사로 채용되었어요.

- ***Aunque hace*** *mucho frío,* ***no quiere*** *ponerse el gorro.*
  아주 추운데도, 그는 모자를 쓰고 싶어 하지 않아요.

- ***Aunque estoy*** *muy cansada, esta tarde* ***iré*** *a la fiesta.*
  제가 아주 피곤하지만, 오늘 오후에는 파티에 갈 거예요.

2. 접속법

다음과 같은 경우에 주로 사용합니다.

- 미래에 대해 말할 때, 양보의 내용이 확실하지 않거나 잠재적인 어려움을 나타낼 때

- *¿Vas a cambiar de empresa? Pero si la tuya es mejor.*
  회사를 바꿀 거야? 그런데 네 회사가 더 낫잖아.

- *Bueno,* ***aunque sea*** *mejor, pienso cambiarme.*
  글쎄, 더 좋을지라도, 나는 옮길 생각이야.

- ***Aunque esté cansada****, saldré a cenar con los demás.*
  피곤하더라도, 다른 사람들과 저녁을 먹으러 나갈 거야.

- *Este verano,* ***aunque no tenga dinero****, iré a París.*
  이번 여름에는, 돈이 없더라도, 난 파리에 갈 거야.

- ***Aunque te lo pida de rodillas****, no vayas a su boda.*
  네게 무릎을 꿇고 부탁하더라도, 그의 결혼식에는 가지 마.

양보가 실현될 가능성이 매우 낮거나 불가능할 때는, 종속절에 접속법 불완료 과거를 쓰고 주절에는 가능법을 사용합니다. 다음 세 가지 경우를 비교해 보세요.

- ***Aunque me pagan poco**, trabajo ahí.*
  월급이 적지만, 나는 거기서 일해.

- ***Aunque me paguen poco**, trabajaré ahí.*
  비록 월급을 적게 받더라도, 나는 거기서 일할 거야.

- ***Aunque me pagaran poco**, trabajaría ahí.*
  만약 월급을 적게 받는다고 해도, 나는 거기서 일할 텐데.

어떤 경우에는 화자가 직설법이나 접속법 중에서 선택합니다.

- *Yo, **aunque soy** / **sea** pobre, soy feliz.*
  나는, 비록 가난하지만 / 가난하더라도, 행복해.

- ***Aunque haga** / **hace** mal tiempo, voy a salir a dar una vuelta.*
  날씨가 나쁘더라도 / 나쁘지만, 나는 산책하러 나갈 거야.

연습 문제 Ejercicios

1. 상자에서 알맞은 표현을 찾아 문장을 완성하세요.

haga mucho frío	pagaran muy bien	yo quisiera
esté cansada	no terminemos esta noche	**nunca he estado en Francia**
solo tiene 3 años	nunca había visto a tu hermana	yo quiera

1. *Aunque nunca he estado en Francia, hablo francés bastante bien.*
2. Aunque _______________, saldremos de casa.
3. Aunque _______________, debemos intentarlo.
4. Aunque _______________, habla ya perfectamente.
5. Aunque _______________, iré a la excursión de mañana.
6. Aunque _______________, no puedo obligarle a prepararse todo el temario para las oposiciones.
7. Aunque _______________, no podría volver a mi país.
8. Aunque _______________, yo nunca haría ese trabajo.
9. Aunque _______________, la reconocí enseguida por la foto.

정답 수: .... /8

2. 예시와 같이 문장을 완성하세요.

1. yo / tener hambre / no cenar
Aunque tengo hambre, no voy a cenar.
Aunque tenga hambre, no cenaré.
Aunque tuviera hambre, no cenaría.

2. ellos / conocer Grecia / hacer un crucero por las islas griegas

3. nosotras / llover / salir a montar en bici

4. este coche / ser viejo / funcionar bien

5. él / comer mucho / no engordar

6. ella / trabajar en la sexta planta / no subir en ascensor

7. vosotros / tener buenas notas / no daros una beca Erasmus.

정답 수: ....   /18

3. 가장 알맞은 시제로 문장을 완성하세요. 경우에 따라 여러 가지 답이 있을 수 있습니다.

1. *Aunque hace / haga calor, no abras la ventana. (hacer)*
2. Aunque ella te lo _____________, no le compres helados a la niña. (pedir)
3. Aunque _____________ cinco años de Hostelería, no sabe cocinar. (estudiar)
4. Nunca aprobaré, aunque _____________ 10 horas diarias. (estudiar)
5. Aunque yo se lo _____________, no me hizo caso. (advertir)
6. Aunque le _____________, hay que decirle la verdad. (doler)
7. Aunque _____________ mucho el viaje, todo salió mal. (preparar, nosotros)
8. Aunque me _____________ la música, no sé tocar ningún instrumento. (encanta)
9. Aunque la calefacción _____________ muy alta, yo tengo frío. (estar)
10. Yo nunca dejaría mi trabajo, aunque me _____________ de lugar. (cambiar)
11. Aunque no le _____________ mucho, Marta aceptó el trabajo. (pagar)
12. Aunque _____________ un taxi, no llegaremos a tiempo. (pedir, nosotros)
13. Aunque yo _____________ las plantas, se me estropearon todas. (regar)
14. Es un médico muy amable, aunque _____________ muy ocupado, siempre te escucha atentamente. (estar)
15. No pienso contestarle, aunque me _____________ todos los días. (llamar)

정답 수: .... **/14**

4. 알맞은 선택지를 고르세요. (복수 정답 가능)

1. *Aunque soy / sea mayor que mi hermano, él parece más joven.*
2. La semana que viene haré el informe, aunque trabajo / trabaje más.
3. Me compraría este libro de fotografía aunque sea / fuera carísimo.
4. Aunque fuera / sea aficionado al fútbol, nunca iría a un estadio.
5. Ella nada muy bien, aunque nunca ha aprendido / aprende natación.
6. Aunque no tuviera / tiene un apartamento propio, pasa las vacaciones en la playa.
7. Este año voy a ir a las fiestas, aunque mis padres me lo prohíban / prohíben.
8. Aunque me lo dijo / dijera, no le creí y decidí no hablar con él.
9. Lo haré por vosotros, aunque fuera / sea un poco arriesgado.
10. No lo creería, aunque Pepe me lo juró / jurara.

정답 수: .... **/9**

TEMA 30　총 **정답 수**: .... **/49**

Tema 31

동사의 시제 일치

직설법 – 접속법 시제 일치	
주절의 동사	종속절의 동사
직설법 현재 직설법 현재 완료 미래 명령형	접속법 현재 또는 접속법 현재 완료
직설법 불완료 과거 직설법 단순 과거 가능법 직설법 과거 완료	접속법 불완료 과거

(no) querer(원하다 (원하지 않다)) / (no) creer(믿다 (믿지 않다)), (no) esperar(기다리다, 기대하다), (no) gustar(좋아하다 (좋아하지 않다)), encantar(무척 좋아하다), molestar(짜증스럽게 하다)와 같이 동사에 의존하는 명사절, 주절과 주어가 다른 목적절, aunque를 사용하는 일부 양보절 등 접속법을 사용하는 종속절의 경우에는 주절의 동사와 종속절의 동사 사이에 고정된 시제 상관관계가 있습니다.

- ***Quiero que vengas*** *a la reunión para informarte.*
  나는 네가 회의에 와서 정보를 얻기를 원한다.

  - ***He querido que vengas*** *a la reunión para informarte.*
    나는 네가 회의에 와서 정보를 얻기를 원해 왔다.

    - ***Quise que vinieras*** *a la reunión para informarte.*
      나는 네가 회의에 와서 정보를 얻기를 원했다.

- ***Espero que llegue*** *a tiempo a la fiesta.*
  나는 그가 파티에 제시간에 도착하길 바란다.

  - ***Esperaba que llegara*** *a tiempo a la fiesta.*
    나는 그가 파티에 제시간에 도착하길 바라고 있었다.

    - ***Espero que haya llegado*** *a tiempo a la fiesta.*
      나는 그가 파티에 제시간에 도착했기를 바란다.

- ***No creo que esté*** *enfermo tantos días.*
  나는 그가 그렇게 여러 날 아플 거라고는 생각하지 않는다.

  - ***No creí que estuviera*** *enfermo tantos días.*
    나는 그가 그렇게 여러 날 아팠을 거라고는 생각하지 않았다.

    - ***No creo que haya estado*** *enfermo tantos días.*
      나는 그가 그렇게 여러 날 아팠던 것은 아니라고 생각한다.

- ***Me molesta que no haya llamado*** *por teléfono.*
  그가 전화하지 않는 것이 나를 불편하게 한다.

  - ***Me molestó que no llamara*** *por teléfono.*
    그가 전화하지 않는 것이 나를 불편하게 했다.

- ***Me encanta que me escribas*** *poemas.*
  네가 나에게 시를 써 주는 것이 정말 좋다.

  - ***Me encantaría que me escribieras*** *poemas.*
    네가 나에게 시를 써 준다면 정말 좋겠다.

- *Me encantará que me escribas poemas.*
  네가 나에게 시를 써 주는 것이 정말 좋을 것이다.

  - *Siempre me pedía que le escribiera poemas.*
    그는 늘 나에게 시를 써 달라고 부탁하곤 했다.

- *Díselo para que lo sepa.*
  그가 알도록 말해 줘.

  - *Se lo diré para que lo sepa.*
    그가 알도록 말해 줄 거야.

    - *Se lo he dicho para que lo sepa.*
      그가 알도록 이미 말해 줬다.

      - *Se lo dije para que lo supiera.*
        그가 알도록 말해 줬다.

- *Lo está haciendo, aunque no le gusta.*
  그는 그것을 하고 있다, 비록 좋아하지는 않지만.

  - *Lo hará, aunque no le gusta.*
    그는 그것을 할 것이다, 비록 좋아하지는 않지만.

    - *Lo hará, aunque no le guste.*
      그는 그것을 할 것이다, 비록 좋아하지 않더라도.

      - *Lo ha hecho, aunque no le haya gustado.*
        그는 그것을 했다, 비록 좋아하지는 않았더라도.

2 하지만 다른 시제 관계도 나타날 수 있습니다.

- *No creo que él estuviera en casa cuando sucedió todo.*
  나는 그가 모든 일이 벌어졌을 때 집에 있었을 거라고는 생각하지 않는다.

- *Me sorprende que no te llamara el domingo pasado.*
  지난주 일요일에 그가 네게 전화를 걸지 않은 것이 놀랍다.

1. 예시와 같이 다음 문장을 과거형으로 다시 쓰세요.

1. *Me alegro de que te acuerdes de mí.*
   Me alegré de que te acordaras de mí.
2. No quiero que trabajes tanto.
   No quería ___________________________.
3. No creo que la policía sospeche de él.
   No creía ___________________________.
4. Espero que seas más optimista sobre lo que piensas.
   Esperaba ___________________________.
5. Me extraña que sus empleados salgan tan pronto.
   Me extrañó ___________________________.
6. Mis amigos quieren que vayamos a Tenerife esta Semana Santa.
   Mis amigos querían ___________________________.
7. Prefiero que él no venga conmigo.
   Preferí ___________________________.
8. Es lógico que los alquileres suban tanto como el coste de la vida.
   Era lógico ___________________________.
9. Espero que comprendas mi decisión.
   Esperaba ___________________________.
10. La policía no cree que el accidente sea por causa de la nieve.
    La policía no creyó ___________________________.
11. Solo quiere que le cambien la batería del coche.
    Solo quería ___________________________.

정답 수: .... **/10**

2. 알맞은 동사에 밑줄을 그으세요.

1. *No me gusta que andas / andes / andaras sin zapatos.*
2. Nadie cree que tú y yo estuviéramos / estemos / estaremos casados.
3. Los padres no creían que el niño necesita / necesite / necesitara ayuda.
4. Dame eso, no quiero que tienes / tengas / tuvieras dolor de espalda.
5. Fue al médico para que le receta / recete / recetara algo para la tos.
6. Ya sé que tienes / tengas / tuvieras mucha presión, pero no creo que es / sea / fuera para tanto.
7. Ellos creían que el tren llegará / llegaría / llegara a su hora.
8. Muchos piensan que las cosas del hogar son / sean / fueran cosas de mujeres.
9. Yo, de pequeña, creía que la vida era / fuera / será fácil.
10. No os llamé para que no os asustéis / asustarais / asustaréis.

11. Me gustaría que no saldrás / salgas / salieras tanto de noche.

12. A ellos les molesta que no les consultas / consultes / consultarás.

13. ¿Necesitas que traigo / traiga / trajera algo más?

14. Me encanta que no se fuma / fume / fumara en lugares públicos.

15. ¿Estáis seguros de que funciona / funcione / funcionara con gasolina?

16. Esperaba que me aviséis / avisareis / avisarais antes de hacer algo.

17. Era necesario que todos se pongan / pondrán / pusieran de acuerdo.

18. A ella le extrañó que no le dijiste / digas / dijeras nada.

19. ¿Usted cree que esta ley educativa es / sea / fuera mejor que la otra?

정답 수: ……… /19

3. 직설법 또는 접속법 중 가장 알맞은 시제와 법으로 문장을 완성하세요.

1. *Yo ya suponía que él estaría enfadado. (estar, él)*

2. Nadie creía _________________ tan lejos como ha llegado. (llegar, Mateo)

3. Supongo que ya _________________ de las últimas noticias. (enterarse, tú)

4. Espera _________________ a ser grandes artistas. (llegar, sus hijos)

5. Preferiría _________________ de lo nuestro con nadie. (no hablar, tú)

6. Estábamos seguros de _________________. (ganar, nuestro equipo)

7. Esperábamos _________________ pronto. (volver, nuestros amigos)

8. Mi madre quería _________________ en la Escuela Militar. (ingresar, mi hermano)

9. No estaba seguro de _________________ a verme. (venir, usted)

10. No me parece necesario _________________ a buscarla al colegio todos los días. (ir, usted)

11. No me gustaría _________________ vuestro pasado. (olvidar, vosotros)

12. No era lógico que _________________ que llevarla al hospital. (tener, yo)

정답 수: ……… /11

4. 문장을 자유롭게 완성하세요.

1. Yo no quería que tú _________________

2. Esperaba _________________

3. Me gusta que _________________

4. No me gustaría que _________________

5. Supongo que _________________

6. Prefiero _________________

7. No estoy seguro de _________________

TEMA 31　총 **정답 수:** ……… /40

Claves

연습 문제 정답

Tema 01 단순 과거

1.
1. se detuvo
2. volviste
3. se despidieron
4. trajo
5. construyó
6. empezamos
7. descubrí
8. compuso
9. sentí
10. obtuve
11. oyeron
12. se vistió
13. murió
14. hicisteis
15. tuve
16. estuvo

2.
1. condujo
2. tradujo
3. durmieron
4. sentimos, decidieron
5. propuso
6. cayeron
7. construyeron
8. ataqué
9. llegamos
10. me equivoqué
11. busqué, vi
12. llegué/embarqué
13. anduvimos
14. supo
15. oyeron /oyó
16. sintió
17. deshizo
18. llegué
19. llovió
20. se divirtió

3.
1. hice
2. salí
3. murieron
4. dispuse
5. supiste
6. acerqué
7. trajimos
8. destruyó
9. compuso
10. dormisteis
11. repitió
12. conduje
13. devolvió
14. pudiste
15. dio
16. quiso
17. vinieron
18. produjeron
19. sentisteis
20. pedí

4.
1. te levantaste
2. estuviste
3. dijiste
4. estuviste
5. pusiste
6. jugaste
7. llegaste
8. dijiste
9. naciste
10. obtuviste
11. supiste
12. diste
13. pudiste

5.
1. se levantó
2. estuvo
3. dijo
4. estuvo
5. puso
6. jugó
7. llegó
8. dijo
9. nació
10. obtuvo
11. supo
12. dio
13. pudo

6.
1. os levantasteis
2. estuvisteis
3. dijisteis
4. estuvisteis
5. pusisteis
6. jugasteis
7. llegasteis
8. dijisteis
9. nacisteis
10. obtuvisteis
11. supisteis
12. disteis
13. pudisteis

7.
1. produjo
2. quisieron
3. devolvieron
4. llegué
5. destruyó
6. huyó
7. patinó, se cayó
8. detuvo
9. dormimos

Tema 02 불완료 과거와 단순 과거

1.
1. tocaba la guitarra
2. salía
3. escribía
4. tenía
5. estudiaba
6. jugaba
7. trabajaba
8. tenía
9. llevaba

2.
1. vivíamos, estudiaban
2. compré, eran

3. compraron, tenía
4. vi, actuaba
5. era, regalaron, hablaba
6. estaba, iba, queríamos
7. comió, había
8. era, gustaban, llevaban, tocaban
9. hacías, tenías, iba, jugaba, caí, rompí
10. fue, íbamos, íbamos, empezó, estudiaba, fui

3.
1. despegaba, aterrizaba
2. estudiaba, vivía
3. estaban
4. salimos, estaban
5. fui, me gustó
6. estaba, eran, estaban
7. lo pasamos
8. llamé, estaba
9. quería, se estropeó, llegó
10. dormía
11. teníamos
12. trabajaba, era, estaba
13. descubrió, eran
14. Dejé, teníamos

4. Vi, era, tenía, llevó, comenzamos, fue, Nos casamos, Fue, supo, hicimos

5. [자유 답안]

1.
1. salido
2. abierto
3. escrito
4. guardado
5. empezado
6. puesto
7. respondido
8. roto
9. ido
10. quemado
11. bebido
12. comprado
13. visto
14. vuelto
15. cruzado
16. envuelto
17. muerto
18. resuelto

2.
1. había estado
2. habían sido
3. se había despertado
4. habías abierto
5. habíamos hecho
6. os habíais levantado
7. me había divorciado
8. habíais oído

3.
1. he visto, había visto
2. he comido, había probado
3. me he bañado, había hecho
4. he escrito, había escrito
5. he trabajado, había hecho

4.
1. había cambiado
2. habías estado
3. había tenido
4. has terminado
5. habían llevado
6. he visto
7. ha declarado, han encontrado
8. había visto

5.
1. llegué, había salido
2. fui, habían desayunado
3. llegamos, había salido
4. fuimos, había cerrado
5. vi, se había casado
6. llamé, se había enterado

6. había tenido, se había jubilado, había encontrado, se había ido, habían vendido, habían comprado

1. [자유 답안]

2. 1. Conoces 2. Conoces 3. Sabes
4. Sabe 5. Sabes 6. Conoce
7. Conoces 8. Sabes 9. Sabe
10. Sabes

3. 1. pude 2. puedo
3. puede 4. sabe
5. sabes/puedes 6. saben/conocen
7. Sabes 8. puedo
9. saben 10. pueden
11. Puede 12. podéis
13. sabe 14. pude
15. supimos

4. 1. ¿Pueden pasarme la aceitera, por favor?
2. Niños, ¿podéis dejar de hacer ruido?
3. ¿Puede decirme dónde está la parada del autobús que va al centro?
4. ¿Puede cambiarme este billete, por favor?
5. ¿Puedes llevarme a mi casa, por favor?, tengo el coche en el taller.
6. ¿Podéis decirme qué ejercicios hay que hacer hoy, por favor?
7. ¿Pueden hablar más bajo, por favor?

5. 1. sabe 2. puede
3. sé/conozco 4. conocen
5. podemos 6. saben
7. Podéis 8. Conoces
9. Puedo 10. sabe/conoce
11. sabe 12. conoce
13. puedes 14. conoces

15. sabes 16. conoce
17. puedo

6. 1. ¿Podemos sentarnos aquí?
2. ¿Puedo llamar por teléfono/hacer una llamada?
3. ¿Puedo coger/llevarme uno?
4. ¿Puedes prestarme tu bicicleta?
5. ¿Podemos repetir?

Tema **05** **ESTUVE / ESTABA / HE ESTADO + 현재 분사**

1. 1. estaba durmiendo
2. estaban saliendo
3. estaban fregando
4. estábamos preparándonos
5. estaba terminando
6. estaba esperando
7. estaba merendando
8. estaba oyendo

2. 1. estuvimos bailando
2. estaba entrenando
3. estaban viendo, estaban jugando
4. Estuvimos cenando
5. estaba preparando
6. estuvieron discutiendo
7. estábamos tomando
8. estabais haciendo, estábamos jugando
9. estaba arreglando
10. estuve viendo

3. 1. era
2. encontraba
3. estaba duchando
4. volvíamos
5. estaba pintando

6. estábamos jugando

7. iba

8. tenía

9. estaba terminando

10. Estábamos escuchando

4.
1. ha estado estudiando
2. ha estado lloviendo
3. he estado limpiando
4. ha estado arreglando
5. han estado llorando
6. han estado viajando
7. ha estado trabajando
8. han estado saliendo

5.
1. ha estado visitando
2. estaban viendo
3. he estado transportando
4. estaba lloviendo
5. he estado terminando
6. estuve esperando
7. estábamos acostándonos
8. estuve mirando

Tema 06 명령법

1.
1. Ven
2. Levantad
3. Miren
4. Saque
5. Cierra
6. Haced
7. Mueve
8. Pedid
9. Vaya
10. Escuchen
11. Sal
12. Entrad
13. Vean
14. Compra

2.
1. pise
2. tire
3. toque
4. hable
5. Llame
6. Cierre
7. Conduzca
8. se asome

3.
1. Espere, no espere, no esperen
2. Firme, no firme, no firmen
3. Traiga, no traiga, no traigan
4. Pase, no pase, no pasen
5. Repita, no repita, no repitan

4.
1. No vengas
2. No levantes
3. No mires
4. No saques
5. No recojas
6. No hagas
7. No muevas
8. No esperes
9. No vayas
10. No escuches
11. No salgas
12. No entres
13. No pases
14. No compres
15. No llames
16. No pongas
17. No apagues
18. No abras
19. No respondas
20. No hables

5.
1. Dejad, no dejéis
2. Abrid, no abráis
3. Cerrad, no cerréis
4. Escuchad, no escuchéis
5. Venid, no vengáis
6. Hablad, no habléis
7. Esperad, no esperéis
8. Id, no vayáis

6.
1. No te calles.
2. No se tome.
3. No os lavéis.
4. No os fijéis.
5. No se siente.
6. No os toméis.
7. No te bañes.
8. No te seques.
9. No se detengan.
10. No te despidas.
11. No te vayas.
12. No te pongas.
13. No te lleves.
14. No se pruebe.
15. No te duermas.
16. No os acostéis.
17. No te levantes.
18. No te duches.

7.
1. No me dejes
2. No me digas
3. No me escribas
4. No le des
5. No le hagas
6. No nos escribas
7. No les llames
8. No les digas

9. No le devuelvas 10. No me traigas
11. No les prestes 12. No le regales

8. 1. No me deje 2. No me diga
3. No me escriba 4. No le dé
5. No le haga 6. No nos escriba
7. No les llame 8. No les diga
9. No le devuelva 10. No me traiga
11. No les preste 12. No le regale

9. 1. No me lo des. 2. No me la hagas.
3. No te lo pongas. 4. No se lo digas.
5. No se la traiga. 6. No lo hagas.
7. No lo pague. 8. No las eches.
9. No te lo guardes.
10. No te las compres.

10. 1. dáselo./no se lo des.
2. póntelas./no te las pongas.
3. pagáselo./no se lo pagues.
4. préstaselo./no se lo prestes.
5. llevátelo./no te lo lleves.
6. dáselos./no se los des.
7. házmela./no me la hagas.
8. díselo./no se lo digas.
9. díselo./no se lo digas.

Tema 07 전치사 A, CON, DE, EN, POR, PARA

1. 1. en 2. a 3. de
4. de, de, de 5. a 6. de
7. a, a 8. de, hasta 9. de
10. por 11. en 12. de
13. a/de 14. por 15. de, a
16. por 17. con 18. de
19. por 20. por 21. por/de
22. de 23. con 24. de
25. en 26. de

2. 1. para 2. Por 3. por
4. Por 5. Por 6. Para, por
7. para 8. Por/Para 9. para
10. Para 11. Por 12. para
13. por 14. para 15. para
16. por 17. Para, Para 18. para
19. por 20. por

3. 1. quejarse del 2. me atreví a
3. habla de 4. insiste en
5. obligaban a 6. he soñado con
7. ha optado/optó por 8. depende de
9. despedirse de 10. se acostumbró a

4. 1. Hasta 2. hacia 3. hasta
4. hacia 5. hasta 6. hacia
7. hasta 8. hacia 9. hasta
10. hacia

5. 1. Por 2. De 3. De/Por
4. A 5. En 6. De/Por
7. Con 8. Por 9. En
10. De 11. Por 12. A
13. De/A 14. En 15. De

6. 1. de rodillas 2. en paz
3. de memoria 4. en forma
5. de miedo 6. de milagro
7. de noche 8. a oscuras
9. de cerca 10. sin rodeos
11. a carcajadas

7. **INTERFLORA CONQUISTA**

<u>En</u> cualquier momento y <u>en</u> cualquier lugar, porque siempre hay un motivo <u>para</u> compartir alegría. Detrás <u>de</u> Interflora hay un mensaje que no conoce fronteras y acerca <u>a</u> las personas. Un mensaje que siempre será bien recibido.

Tema 08 미래 완료

1.
1. habrán escrito　　2. habrá recibido
3. habré abierto　　4. habrás leído
5. habremos llevado　6. habrá ido
7. habrá empezado　8. habréis visto
9. habré llegado　　10. habrán estado

2.
1. Habrá hecho cincuenta y dos figuras.
2. Habrá nadado 78.000 metros.
3. Habrá ahorrado 1.440 euros.
4. Habrá comprado 24 discos.
5. Habrá leído 12 libros.

3.
1. ¿Qué hora será?
2. ¿Cuánto le habrá costado...?
3. ¿Dónde viviría Filomeno...?
4. ¿Qué hará...?
5. ¿De quién será...?
6. ¿Dónde habré puesto...?
7. ¿Para qué iría/habrá ido...?
8. ¿Quién te mandaría...?
9. ¿Para qué habrá llamado...?
10. ¿Dónde estarán...?
11. ¿Por qué no habrá llamado...?
12. ¿Por qué diría/habrá dicho...?
13. ¿Quién vendrá...?
14. No sé a quién se parecerá...
15. ¿Quién le diría/habrá dicho a
　　Luisa...?
16. ¿Cuánto costará...?
17. ¿Quién me mandaría...?
18. ¿Cuándo habrá salido...?
19. ¿A qué hora habrá llegado...?
20. ¿Dónde estaría...?

4.
1. se habrá enfadado por algo
2. habrán salido a comprar
3. habrá atasco
4. tendrá
5. Tendría
6. Habrá tenido
7. habrá estado viviendo

Tema 09 가능법

1.
1. lavaré, lavaría　　2. harían
3. recogeré/recogerá　4. ganaría
5. sería　　　　　　6. veré/verá
7. pondríamos　　　8. llovería
9. saldrá/saldré　　10. sabríais
11. realizaría　　　12. iremos
13. abrirían　　　　14. echaría
15. llegaré/llegará　16. arreglaría
17. tocaríamos　　　18. emigrarán

2.
1. Yo, en tu lugar, estudiaría Biología
2. Yo, en tu lugar, pondría una alarma
　 en el móvil
3. Yo, en tu lugar, me pondría el traje
　 azul de seda
4. Yo, en tu lugar, la reservaría en un
　 parador
5. Yo, en tu lugar, le regalaría algo para
　 su despacho

3. [모범 답안]
1. Yo creo que deberías ir al médico.
2. Yo creo que el gobierno debería hacer algo.
3. Yo creo que deberías tomarte una aspirina.
4. Yo creo que deberías llamarle por teléfono.
5. Yo creo que deberíais hacer primero los deberes.
6. Yo creo que deberías decírselo a tus padres.

4.
1. Tú dijiste que nos llamarías a las 10.
2. Tú me dijiste que me invitarías a tu cumpleaños.
3. Ella me dijo que hoy no vendría/ iría a clase.
4. Ellos dijeron que saldrían a las 7.
5. Vosotros dijisteis que llevaríais/ traeríais la bebida.
6. Tú dijiste que harías hoy la cena.
7. Vosotros dijisteis que me esperaríais en la puerta del cine.
8. Tú dijiste que no volverías a decir mentiras.

5.

1. tendrá	2. llamaría y aclararía
3. deberíamos	4. abriremos
5. vendrán	6. vendrían
7. iré	8. llegaría
9. respondería	10. leeré
11. compraría	12. viviría
13. pedirán	14. deberías
15. debería	16. deberías
17. asistiría	18. haremos

Tema 10 접속법 현재

1.
1. hable, hablemos
2. estudies, estudien
3. lea, leáis
4. coma, comamos
5. beba, beban
6. trabaje, trabajemos
7. limpies, limpien
8. escriba, escribáis
9. reciba, recibamos
10. venda, vendan
11. viva, viváis
12. pinte, pintemos

2.

1. empiece	2. salgan
3. digamos	4. haga
5. oigas	6. encontréis
7. vengas	8. pueda
9. conozcamos	

3.

1. vaya, vayamos	2. sea, seamos
3. esté, estén	4. llegue, lleguéis
5. vuele, volemos	6. juegue, jueguen
7. recoja, recojan	8. pidas, pidáis
9. tenga, tengamos	10. sepa, sepan
11. ponga, pongan	
12. duerma, durmamos	

4.

1. duerma	2. toque
3. encuentre	4. den
5. llueva	6. lleguemos

5.
1. Quizás esté enfadado contigo.
2. Ojalá sea barato.
3. Ojalá sea buena.
4. Quizás tenga trabajo en casa.
5. Ojalá no tenga guardia.
6. Quizás esté enferma.

7. Ojalá llegue pronto.

8. Quizás tenga hambre otra vez.

9. Ojalá tenga suerte.

6. [자유 답안]

Tema ⑪ 명사의 성

1.
1. escritor, escritora
2. taxista
3. estudiante
4. jueza
5. asistenta/asistente
6. cantante
7. artista
8. peluquera
9. secretario
10. modista
11. cocinera
12. diseñador
13. modelo
14. poeta/poetisa
15. técnico
16. arquitecto/a
17. abogada
18. directora

2.
1. la radio
2. La carne
3. el traje
4. el problema
5. la moto
6. La juventud
7. el dolor
8. el color
9. Las canciones
10. las flores

3.
1. la guía
2. la capital
3. el ramo
4. la policía
5. la manzana
6. el guía
7. las ramas
8. capital
9. la cólera
10. el manzano

4.
1. alcalde, alcaldesa
2. madre
3. actor
4. vaca
5. nuera
6. rey
7. hombre
8. princesa
9. hembra
10. gallina
11. caballo
12. leona

5.
1. el
2. el
3. la
4. el
5. la
6. el

---

7. el
8. la
9. el
10. el
11. la
12. la
13. la
14. la
15. el
16. el
17. el

Tema ⑫ 직접·간접 목적 대명사

1.
1. No sé dónde las habré puesto.
2. Juan la estaba esperando.
3. Todavía no la he visto.
4. No lo he traído, se me ha olvidado.
5. Las he perdido.
6. Siempre los invitan.
7. Yo la llamé por la tarde.
8. Yo le aconsejo que no lo venda.
9. Emilia les dijo que no vendría.
10. El padre le dio un regalo.
11. El guía les enseñó todo (a los turistas).
12. ¿Le gustan los toros?
13. Las encontré, las del cajón de la mesita.
14. Lo/Le llevé al pediatra a las tres.
15. Le regalé (a Julián) dos entradas.
16. Lo encontrarás fácilmente.
17. Todavía no lo he leído.
18. El conferenciante les habló de las últimas corrientes filosóficas.
19. El jefe de personal le preguntó si tenía experiencia.
20. ¿Les has escrito ya?

2.
1. os importa
2. me cae
3. me apetece
4. le toca
5. les van a hacer/harán
6. te parece
7. les ha pasado
8. os toca
9. te gusta
10. le hace
11. te interesa
12. nos quedan
13. te queda

14. nos hace falta   15. le falta
16. le duele   17. les encanta
18. me quedan   19. le duele
20. le sienta

3.
1. te lo   2. Me los
3. Le, se lo   4. La
5. me, te, te lo   6. le, lo
7. melo   8. tela
9. Les, selo   10. te la
11. se, se   12. te
13. os   14. le, se lo
15. Le, se los   16. le, Me, les
17. te, se, me, se   18. te
19. le, se   20. me, lo, se lo

4.
1. Valeriano les vendió el piso a sus cuñados.
2. esperadnos
3. Dile a María que me escriba pronto.
4. Camarero, tráiganos un poco más de pan...
5. A sus padres les da igual.
6. Te voy a contar un secreto, pero no se lo digas a nadie.
7. Pedro le regaló a su hermano un nuevo videojuego.
8. Cuando era pequeño, mi padre no me permitía comer dulces.
9. Ella se fue de la fiesta porque no se sentía bien.
10. Les envié un correo, pero no contestaron.
11. Esta película es muy mala, no vayas a verla.
12. A Ignacio no le han dado el trabajo que pidió.
13. A ellos les interesa que ese negocio salga adelante.
14. A mí no me dejan salir después de las doce de la noche.
15. Tranquilo, ya sabes que no le voy a decir nada a nadie.
16. La comida está lista, llévala a la mesa.
17. Cuando era pequeña, su abuela siempre le hacía paella los domingos.
18. Ella le dejó los informes sobre la mesa a su jefa.
19. Este trabajo es muy aburrido, no se lo digas a nadie.
20. A mi hermana no la han llamado para la entrevista.

5.
- le, me, me, le, me, se la, me, lo, me, le
- yo, nos, se, le, le, se, Nos, le, les, nos

Tema 13 간접 화법 Ⅰ

1.
1. Ana me contó que iba a cambiar de trabajo porque estaba harta de su jefe.
2. que este año iban a ir de vacaciones a Marbella.
3. que su hermano menor no quería estudiar en la universidad.
4. que estaba cansada de hacer todos los días lo mismo.
5. que Pepe había tenido un accidente con la moto.
6. que su marido quería comprar otro coche.
7. que a ella sí le gustaba esquiar en invierno.
8. que estaba haciendo un cursillo de Informática.
9. que no le parecía caro el piso de Jorge.

2.
1. Él dijo que hoy nos llamaría.
2. Ella dijo que saldría de casa a las 7.
3. Ellos dijeron que vendrían/irían a buscarnos al aeropuerto.
4. El Sr. Martínez dijo que no vendría/iría a la reunión.
5. Vosotros me dijisteis que me compraríais otra bicicleta para Reyes.
6. Tú dijiste que pondrías la lavadora todas las semanas.
7. Tú dijiste que me esperarías en la cafetería.
8. Ella dijo que no volvería a hablar conmigo de eso.
9. Usted me había dicho que lo pensaría.
10. Él decía que se ocuparía de todo.

3.
1. Ella nos dijo que se habían casado hacía 12 años.
2. Ellos me dijeron que este verano habían estado de vacaciones en Cancún.
3. Él comentó que antes ganaba más dinero que ahora.
4. Ellos dijeron que este año se habían comprado un chalé porque les gustaba la tranquilidad.
5. Él le dijo que no había visto a Magdalena desde hacía un año.
6. Ella comentó que quería ir a Viena, pero Javier no quería, y al final habían ido a París.
7. El guía nos dijo que la catedral había sido construida en el s. XVII.
8. El médico me dijo que tenía que operarme cuanto antes.
9. Él me dijo que si no podía venir a buscarme, me llamaría, pero no ha llamado.

10. Tú me dijiste que si yo no tenía tiempo, tú comprarías las entradas.
11. Ella me contó que siempre había ido de vacaciones a hoteles de lujo.
12. Él me dijo que antes jugaba muy bien al baloncesto.
13. Ellos dijeron que Encarna iba a tener otro niño.
14. El hombre del tiempo dijo que hoy llovería.

4. había estudiado, trabajaba, quería, tenía, me dedicaba, me gustaba, hablaba

5.
1. El jueves fui al cine.
2. ¿Tenéis mi billetera?
3. Voy a hacer un viaje a Chile este año.
4. Mi hermana está casada con un jugador de fútbol.
5. ¿Cuánto te ha costado el apartamento de la playa?
6. No he venido/vine a veros porque mi padre está enfermo.
7. ¿Quién te ha dicho lo de mi ascenso?
8. ¿Cuándo tendrás acabado el proyecto?
9. El día del robo yo salí de mi casa a las 8.15 y volví a las 7 de la tarde.
10. Hemos visitado la casa museo de Sorolla.
11. Ya no hay plazas libres. Vuelvan otro día.
12. Le regalamos 20 GB si contrata la nueva tarifa.
13. ¿Queréis salir a correr con nosotros?
14. ¿Han probado el cocido madrileño?

6.
1. pensaría
2. había sido/sería
3. podía/podría, tenía/tendría
4. vivía, hacía, me había perdido
5. vendría/venía, estaba/estaría
6. se había separado/iba a separar, le quería
7. era, era
8. ganaba, importaba
9. había estado, había ido, había ido

1.
1. el, los
2. Ø, el
3. los
4. Las
5. las
6. los, la
7. Ø
8. los, los
9. Ø/el
10. el
11. la
12. la
13. La
14. La, el (del)
15. los
16. las
17. los, los
18. Ø
19. Ø
20. las
21. el
22. los, el (al)
23. Ø/la
24. Ø, la

2.
1. Ø
2. la
3. unos
4. Ø, Ø, Ø, Ø
5. un
6. unos
7. Ø
8. una/Ø
9. una
10. unas/Ø
11. un
12. Ø
13. un, Ø
14. un
15. Ø
16. Ø
17. unos
18. una/Ø
19. una
20. Ø

3.
1. Mal. El Everest
2. Bien.
3. Mal. El norte
4. Mal. El río Tajo
5. Bien.
6. Mal. El mar Mediterráneo
7. Mal. Al otro lado del estrecho
8. Mal. Andalucía
9. Bien.
10. Mal. En los Pirineos
11. Bien.
12. Bien.

4.
1. Lo, lo, el
2. lo
3. lo
4. el
5. lo
6. lo
7. el
8. el, Lo
9. lo
10. lo
11. el

5.
1. Ø, Ø
2. la, Ø, Ø
3. Ø/un
4. una, el
5. un/Ø, la
6. El
7. un, un
8. El, Ø
9. un, un
10. unos/los
11. unas/Ø/las
12. el, el
13. el, la
14. el, la
15. El, el/Ø, la
16. el, la

1.
1. tanto calor
2. tan incómodo
3. tan inteligente
4. tantos partidos
5. tan vago
6. tan nerviosa
7. tan cara
8. tan difícil
9. tantas galletas
10. tantos libros

2.
1. dificilísimo
2. buenísima
3. poquísimo
4. antiquísimas
5. riquísimo
6. grandísima
7. brevísimo
8. inteligentísimos

9. guapísimo   10. facilísimo

3.
1. que   2. de   3. de
4. de   5. de   6. de
7. de   8. de   9. que
10. que   11. que   12. que
13. de   14. de   15. que

4.
1. peores   2. mejor   3. mejores
4. mayor   5. peor   6. mejor
7. peor   8. menor

5.
1. Es el chico más pesado que he conocido.
2. Es el pez más grande que he visto en mi vida.
3. Es la canción más bonita que he oído.
4. Es la mujer más cariñosa que he conocido.
5. Es la moto más rápida que he probado.
6. Es el peor libro que he leído en mi vida.
7. Son las personas más encantadoras que he conocido.

6. [자유 답안]

Tema **16** SER와 ESTAR

1.
1. ser   2. estar   3. ser
4. ser   5. estar   6. estar
7. ser   8. ser   9. estar
10. estar

2.
1. ser, es   2. está, está
3. está, Es   4. soy, estoy
5. estaba, Era, está   6. Estás, está, es
7. es, está   8. Estamos, Es

9. Estáis, es   10. Es, Estoy
11. Es, está   12. Está, es, está

3.
1. es   2. Estamos   3. era
4. es   5. es   6. Estamos
7. es, es   8. eran   9. es, está
10. es   11. es   12. son, están
13. es, está   14. era   15. está
16. está   17. está   18. es
19. está   20. están, son   21. es/sea
22. es   23. es   24. está

4.
1. está   2. es/ha sido/era
3. es/fue/ha sido   4. es
5. están   6. está
7. era   8. es
9. fue   10. es
11. es   12. es
13. está   14. es
15. está, está   16. es
17. es, está   18. es/fue/era/será
19. es   20. está
21. es   22. es
23. es   24. está
25. es

5.
1. Están   2. está
3. están   4. son
5. están   6. Está
7. era   8. estás
9. es   10. es
11. eran   12. está
13. estábamos   14. es
15. son/están, son   16. es
17. es   18. Están
19. será   20. es

6.
1. Este profesor es malo.
Este profesor está malo, está soltero, está preocupado, está sano.

2. El tabaco es malo, es perjudicial.
   tabaco está malo.

3. Este periódico es parcial, es malo.

4. La película es aburrida, es animada,
   es parcial.

5. Este pescado es malo, es perjudicial.
   Este pescado está malo.

6. Los plátanos están maduros.

7. La fiesta es abierta, es animada, es
   aburrida.
   La fiesta está animada, está aburrida.

8. La ventana está abierta.

9. Los perros son los mejores amigos
   del hombre.

10. El presidente es malo, es parcial, es
    soltero.
    El presidente está malo, está
    soltero, está preocupado, está sano.

11. Nadar es sano, es un deporte muy
    completo, es perjudicial.

12. El atletismo es malo, es perjudicial,
    es sano, es un deporte muy
    completo.

Tema **17** 관계절 Ⅰ

1.
1. Ayer probé un plato nuevo que tenía
   muchas especias.

2. Yo solo vi salir a un hombre que
   llevaba una cartera negra.

3. A mí me dio el recado una mujer que
   tenía una voz muy agradable.

4. Encontramos un hotel precioso que
   estaba en el centro.

5. Yo tomo estos caramelos que tienen
   poca azúcar.

6. Juan ha alquilado una casa antigua
   que es preciosa.

7. Ayer llamó a casa una chica que no
   dijo su nombre.

8. Nos paró un policía que no era muy
   simpático.

9. Mis padres me compraron una
   bicicleta que era muy barata.

10. El chico que rompió el cristal salió
    corriendo.

11. Jesús llevaba una cazadora que era
    muy cara.

2.
1. i.	2. h.	3. f.
4. e.	5. g.	6. b.
7. a.	8. d.	9. c.

3.
1. grita	2. esté
3. he conocido	4. estabas/estaban
5. perdiste	6. dé
7. falte	8. quieras
9. robaron	10. tenga
11. hicimos	12. sea
13. esté	14. sea

4.
1. ¿Conoces a alguien que escriba
   telenovelas?

2. ¿Conoces a alguien que toque la
   gaita?

3. ¿Conoces a alguien que bai-le
   flamenco?

4. ¿Conoces a alguien que sepa hablar
   chino?

5. ¿Conoces a alguien que viva en
   Nueva York?

6. ¿Conoces a alguien que tenga
   caballos?

7. ¿Conoces a alguien que coleccione
   sellos?

8. ¿Conoces a alguien que tenga un
   camión?

9. ¿Conoces a alguien que arregle
   electrodomésticos?

5. 1. Sí, conozco a un/una chico/a que escribe telenovelas.

No, no conozco a nadie que escriba telenovelas.

2. Sí, conozco a un/una chico/a que toca la gaita.

No, no conozco a nadie que toque la gaita.

3. Sí, conozco a un/una chico/a que baila flamenco.

No, no conozco a nadie que baile flamenco.

4. Sí, conozco a un/una chico/a que sabe hablar chino.

No, no conozco a nadie que sepa hablar chino.

5. Sí, conozco a un/una chico/a que vive en Nueva York.

No, no conozco a nadie que viva en Nueva York.

6. Sí, conozco a un/una chico/a que tiene caballos.

No, no conozco a nadie que tenga caballos.

7. Sí, conozco a un/una chico/a que colecciona sellos.

No, no conozco a nadie que coleccione sellos.

8. Sí, conozco a un/una chico/a que tiene un camión.

No, no conozco a nadie que tenga un camión.

9. Sí, conozco a un/una chico/a que arregla electrodomésticos.

No, no conozco a nadie que arregle electrodomésticos.

1. 1. El chico con el que salía Maribel está viviendo en otro país.

2. La mujer con la que está hablando el camarero es una actriz famosa.

3. La empresa en la que trabaja Jesús fabrica baterías para coches.

4. El supermercado donde compro normalmente ha cambiado de dueño.

5. Esta es la compañera de quien te hablé ayer.

6. El hotel en el que nos alojamos está al lado de la playa.

7. La cama en la que dormimos era muy incómoda.

8. La casa en la que vive Ernesto es del siglo pasado.

9. El libro al que se refería el profesor no está en las librerías.

2. 1. los que
2. el que
3. los que/quienes
4. las que/quienes
5. Quien/El que
6. las que/quienes
7. Quien/El que
8. los que
9. los que/quienes
10. donde
11. el (del) que/quien
12. donde
13. la que/quien
14. El/La que/Quien
15. la que/quien
16. Los/Las que/Quienes, los/las que/quienes
17. la que
18. Quien/El que

19. la que
20. el (al) que/quien

3. 1. lo que   2. lo que   3. donde
4. a quien   5. Los que   6. lo que
7. a los que   8. Quien   9. con el que
10. Los que   11. donde   12. en el que

4. 1. lo   2. el   3. el
4. lo   5. lo   6. lo
7. el   8. lo   9. el
10. El   11. lo   12. lo
13. el   14. El   15. lo
16. el   17. lo   18. lo

17. freír

4. 1. para que veas
2. para estar
3. Para ser
4. para ver
5. para que te compres
6. para que salga, se distraiga
7. para que se rían
8. para cenar
9. para que les eches
10. ¿Para qué quieres...?

5. [자유 답안]

Tema ⑲ 목적절

1. 1. f.   2. e.   3. b.
4. g.   5. a.   6. c.
7. d.

2. 1. para que se duerma
2. Para llegar hasta allí
3. para que me informen sobre el curso de pintura
4. para que no te vean los vecinos
5. Para estar sano
6. para que entre más aire
7. para que le preste el abrelatas
8. para pagar las letras del coche nuevo

3. 1. organizar   2. estudien
3. has comprado   4. llegue
5. cuentes   6. preguntar
7. contéis   8. se compre
9. quieres   10. venga
11. tomes, guardes   12. pagar
13. dices/has dicho   14. entre
15. moleste   16. termine

Tema ⑳ 시간 부사절 Ⅰ

1. 1. g.   2. f.   3. c.
4. h.   5. d.   6. b.
7. e.   8. a.

2. 1. ¿Cuándo os vais a casar?, ahorremos
2. ¿Cuándo vas a hacer tu cama?, termine la película
3. ¿Cuándo vas a venir a mi casa?, tenga un rato libre
4. ¿Cuándo va a terminar esta situación?, quieran
5. ¿Cuándo vas a hacer otro viaje?, me den vacaciones
6. ¿Cuándo van a ser las elecciones?, las convoque

3. 1. vamos, termine
2. llamaron
3. vayamos, tendremos
4. nació
5. beba
6. se quedó

7. era

8. vea

9. vengas, enseñaré

10. puedas

11. vaya

12. necesites, dudes

13. veas

14. vuelva

4.
1. vuelvas   2. deje
3. descubrió   4. puede
5. puedas   6. podía
7. era   8. tenga
9. salgas   10. veas
11. traiciona   12. hubo
13. estoy   14. esté
15. sepas   16. muevas
17. termine   18. seas
19. quiere   20. están

5.
1. Si   2. Si   3. Cuando
4. Si   5. si   6. Cuando
7. Si   8. Cuando   9. Cuando
10. Si

6.
1. b.   2. a.   3. a.
4. c.   5. a.   6. b.

7. [자유 답안]

Tema **21** 시간 부사절 II

1.
1. antes de comer
2. antes de salir de viaje
3. antes de entrar
4. después de ver a Pedro en el hospital
5. después de salir del trabajo
6. Antes de cruzar la calle
7. Antes de comprar un piso

2.
1. Yo voy a comer antes de que ellos vengan.
2. Él va a hacer ese recado antes de que las tiendas cierren.
3. Nosotros vamos a salir antes de que sea más tarde.
4. Ella va a comprar el periódico antes de que se termine.
5. Ellos van a cambiarse de casa antes de que nazca el niño.
6. Nosotros vamos a ordenar la casa antes de que vengan mis padres.
7. Vosotros vais a comer la sopa antes de que se enfríe.
8. Yo voy a terminar el informe antes de que venga el director.

3.
1. Antes de salir
2. antes de que, llegue
3. antes de abrir
4. antes/después de cenar
5. antes de que lleguen
6. después de ver
7. antes de que empiece
8. Antes de ir
9. antes de conocer
10. Antes de comprar
11. Después de terminar
12. antes de que mueran
13. antes de morir
14. Antes de enfadarte

4.
1. vengan   2. comas
3. diga   4. se casan
5. termines   6. llegue
7. dijimos   8. vea
9. echaron   10. estés
11. dejó   12. llego
13. llegaron, se pusieron   14. venga
15. dé

5.
1. Me acostaré después de terminar la novela.
2. Tenemos que comprar antes de que empiece a llover.
3. Ven a verme cuando vuelvas de la reunión.
4. Él siempre desayuna después de ducharse.
5. Yo voy a preparar las cosas antes de que vengan los invitados.
6. Tú te vendrás conmigo cuando alquile un piso céntrico.
7. Él se va al bar a tomar el café después de comer en casa.
8. Tú quédate aquí hasta que yo venga a buscarte.
9. Nosotros haremos un viaje por Europa cuando yo termine la Universidad.

6. [자유 답안]

Tema 22 SER + 형용사

1.
1. es
2. hay
3. aprenden
4. sobran
5. durará
6. tienen
7. han mejorado
8. ha aprobado
9. es
10. suele

2.
1. No es evidente que, en ese asunto, él sea el responsable de todo.
2. ¿No es verdad que ya no hay entradas para el concierto?
3. No es obvio que algunas personas nunca aprendan de la experiencia.
4. No es obvio que a Julián le sobren 30 kilos, por lo menos.
5. No es verdad que, si sigue así, no dure mucho tiempo en ese trabajo.
6. No es evidente que los hijos de los vecinos no tengan ni idea de modales.
7. No es obvio que los transportes públicos hayan mejorado mucho en los últimos años.
8. ¿No es cierto que el Gobierno ha aprobado nuevas medidas contra la contaminación?
9. No es evidente que la falsificación de marcas famosas sea un negocio que mueve miles de millones al año.
10. No es obvio que la ropa vaquera suela gustar a todo el mundo.

3.
1. que vengas
2. llegar
3. que salgamos
4. tenga
5. que cierren/cerrar
6. acabar
7. que te olvides
8. que nos comprometamos
9. que bajen, suban
10. que te calles, hagas
11. que tengan
12. que vengas
13. gastarse
14. grites
15. que esperéis, llamen
16. alojarse
17. que una madre defienda

4.
1. esté
2. gane
3. tiene
4. volvamos
5. digas
6. ganen
7. va
8. sean
9. se llevan
10. cierres
11. van
12. crecen
13. se prepara

1.
1. ¿Os/Les gusta madrugar?
2. ¿Os/Les gusta salir de noche?
3. ¿Os/Les gusta recoger conchas en la playa?
4. ¿Os/Les gusta conducir coches de carreras?
5. ¿Os/Les gusta ver amanecer?
6. ¿Os/Les gusta hacer parapente?

2.
1. ¿Te/Le molesta que te/le pidan dinero prestado?
2. ¿Te/Le molesta que la gente grite?
3. ¿Te/Le molesta que fumen en tu/su presencia?
4. ¿Te/Le molesta que la gente llegue tarde?
5. ¿Te/Le molesta que no te escuchen cuando hablas?
6. ¿Te/Le molesta que tus/sus amigos vengan a tu/su casa a las tantas?

3.
1. ¿Les importa que me siente aquí?
2. ¿Les importa bajar la música?
3. ¿Le importa que salga...?
4. ¿Te importa imprimir...?
5. ¿Te importa prestarme...?
6. ¿Te importa dejarme...?
7. ¿A ella le importa que uséis...?
8. ¿A ti te importa que lleve...?
9. ¿A usted le importa que dejemos...?

4.
1. que toques
2. que quieras
3. que sus hijos canten
4. que yo llegue
5. cuidar
6. vender
7. que haga
8. gastar
9. que le hayan despedido
10. conducir
11. ayudarme
12. que vayamos
13. vivir
14. que la gente se meta
15. que les oigamos

5. [자유 답안]

Tema **24**　**의견과 지식 표현하기**

1.
1. todavía es pronto para darte el alta
2. debía olvidarla cuanto antes
3. tarden mucho en llegar
4. hoy hay correo
5. ahora haya más delincuencia que antes
6. la economía mejorará este año

2.
1. No, no creo que el Partido Conservador gane las elecciones.
2. No, no creo que Diego apruebe las oposiciones a notario.
3. No, no creo que haya atascos a estas horas.
4. No, no creo que Javier esté muy enfermo.
5. No, no creo que ahora haya rebajas en los centros comerciales.
6. No, no creo que llueva el fin de semana.

3.
1. Pues yo no estoy seguro de que la empresa vaya mal.
2. Pues yo no creo que Antonio no esté bien.
3. Pues yo no pienso que dejar el trabajo ahora sea una locura.

4. Pues yo no estoy seguro de que el perro sepa volver a casa.
5. Pues yo no opino que haya que comprar más ordenadores.
6. Pues yo no pienso que el papel reciclado sea mejor.
7. Pues yo no estoy seguro de que su equipo gane la liga.

4.
1. Yo creo que él ha alquilado el piso.
   Yo no creo que él haya alquilado el piso.
2. Yo creo que ellos han arreglado el ascensor.
   Yo no creo que ellos hayan arreglado el ascensor.
3. Yo creo que ella ha vendido su coche.
   Yo no creo que ella haya vendido su coche.
4. Yo creo que ellos han salido de viaje.
   Yo no creo que ellos hayan salido de viaje.
5. Yo creo que su abuelo ha muerto en la guerra.
   Yo no creo que su abuelo haya muerto en la guerra.
6. Yo creo que ella ha abandonado a sus gatos.
   Yo no creo que ella haya abandonado a sus gatos.

5.
1. sirven   2. haya   3. sean
4. lleve   5. ha pintado   6. haya
7. estarás   8. es   9. llegue
10. encontrarás

6.
1. si
2. qué/dónde/por qué
3. por qué
4. qué
5. dónde
6. cuándo
7. quién/por qué/cuándo/dónde
8. cómo/cuándo/ por qué

1.
1. No quiero   2. Espero
3. Espero   4. No quiero
5. Necesitas   6. Prefiero
7. Necesitas   8. Prefiero

2.
1. e.   2. a.   3. d.
4. f.   5. c.   6. b.

3.
1. que sea   2. prestes
3. gane   4. gastemos
5. elijas   6. acaben
7. sepas   8. ayude
9. vayamos

4.
1. casarte   2. trabajar
3. venir   4. que vuelvas
5. que seáis   6. veros
7. que me quede   8. que me hagas
9. que vayamos   10. hablar
11. que nuestros hijos estudien
12. que vengas
13. que mis cuadros sean
14. que me digan
15. verte
16. que se independice
17. que, pida
18. que me vean
19. acabar
20. que pidas

5.
1. ¿Quiere que le ayude?
2. ¿Queréis que me quede con los niños?

3. ¿Quieres que te lleve al aeropuerto?

4. ¿Quieres que te traiga el periódico?

5. ¿Quieres que vaya al médico contigo?

6. ¿Queréis que (yo) llame a vuestra familia?

7. ¿Queréis que os esperemos en la cafetería?

8. ¿Queréis que (yo) haga la compra?

9. ¿Quieres que (yo) hable con ella?

10. ¿Quiere que venga el sábado a trabajar?

6. [자유 답안]

Tema **26** 간접 화법 II

1.
1. le llame por teléfono
2. vaya a verle/verlo
3. no vayamos antes de las 6
4. le compre el periódico
5. no vuelva tarde
6. cerremos la puerta con llave
7. me ponga los otros pantalones
8. no le diga nada a Olga
9. la escuchemos
10. pasemos por aquí

2.
1. Dile a Óscar que la estudie.
2. Dile a Daniel que la ponga.
3. Dile a papá que te ayude.
4. Dile a María que te lo dé.
5. Dile a Beatriz que no se vaya.
6. Dile a Paco que no se los coma todos.

3.
1. escribiera, escribiéramos
2. llamaras, llamaran
3. saliera, salierais
4. recogiera, recogiéramos
5. abrieras, abrieran
6. bebiera, bebieran

7. saludara, saludaran
8. me acostara, nos acostáramos
9. encontrara, encontrarais
10. buscara, buscaran

4.
1. fuera, fuéramos
2. trajeras, trajerais
3. viniera, vinieran
4. leyera, leyéramos
5. pidiera, pidieran
6. durmiera, durmieran
7. fuera, fuerais
8. volviera, volvieran
9. dijera, dijéramos
10. viera, vierais
11. diera, dieran
12. pusiera, pusieran
13. hiciera, hicieran
14. pudiera, pudiéramos
15. supiera, supierais
16. tuviera, tuvieran

5.
1. le llamara
2. fuera
3. no fuéramos
4. le comprara
5. no volviera
6. cerráramos
7. me pusiera
8. no le dijera
9. la escucháramos
10. pasáramos

6.
1. que no lo/le esperara a comer, que tenía mucho trabajo en la oficina
2. fuera a recogerla a casa, que tenía el coche en el taller
3. estaba preocupada y quería hablar conmigo, que la esperara a la salida de la clase
4. volviera hoy, que el coche ya estaría arreglado
5. hiciérais los ejercicios de la lección
6. apagara la tele, que le dolía la cabeza
7. no me preocupara, que ella haría la cena

8. le hiciera un bocadillo, que tenía hambre

9. no podía venir/ir a buscarnos porque tenía una reunión importante

10. si quería comer, que había hecho paella

11. que le dejara 30 euros, que me los devolvería al día siguiente

12. si no llegaba a tiempo, no lo/le esperáramos

13. cuando llegara a París, les escribiera un WhatsApp

14. no saliéramos de casa, que hacía demasiado frío

7.
1. pidió
2. preguntaron
3. pedí
4. preguntó
5. ha preguntado
6. pidió
7. preguntó
8. ha preguntado
9. ha pedido
10. preguntan/han preguntado

8. me dijo que caminara una hora cada día, que hiciera ejercicio, que comiera muchas verduras y frutas, que no tomara grasas, y sobre todo, que no trabajara demasiado.

Tema 27 접속법으로 평가 표현하기

1.
1. haya corregido
2. haya cometido
3. haya abierto
4. hayan traído
5. hayas puesto
6. hayáis dicho
7. hayamos visto
8. hayáis vuelto
9. lo hayas hecho
10. te hayas puesto

2.
1. Qué raro que no haya venido a buscarme.
2. Qué pena que se haya quedado sin trabajo.
3. Qué raro que no hayan salido este fin de semana.
4. Qué raro/pena que se hayan divorciado.
5. Qué pena que se hayan mudado.
6. Qué pena que las vacaciones se nos hayan terminado.
7. Qué raro que el empleado del banco se haya marchado sin decir nada.
8. Qué pena/raro que Alejandro haya suspendido las Matemáticas.
9. Qué raro que los precios de los productos lácteos hayan bajado.
10. Qué raro que aún no los hayan traído.

3.
1. venga
2. haya venido
3. haya empezado
4. quiera
5. conozcáis
6. sepa
7. se hayan enterado
8. estudien
9. haya llegado
10. oigamos
11. hayáis visto
12. haga
13. tengas
14. os vayáis
15. hayan despedido
16. conteste
17. lleguen/hayan llegado
18. conteste

4. [자유 답안]

Tema 28 ME GUSTARÍA + 동사 원형/접속법

1.
1. A ella le gustaría no estar tan delgada.
2. Incorrecta. ¿A ti te gustaría ser médico?
3. Correcta.

4. Incorrecta. A él le gustaría que le ascendieran en la empresa.

5. Incorrecta. A nosotros nos gustaría comprarnos un chalé en la sierra.

6. Correcta.

7. Correcta.

2.
1. que tuvieras
2. repetir
3. cambiar
4. que él no corriera
5. respetaran
6. ir
7. que fuéramos
8. que vivierais
9. estuvieran
10. que se pusiera
11. que se arreglaran, hubiera
12. tener
13. desayunar
14. que vierais
15. que nuestros hijos aprendieran

3. [모범 답안]
1. Me gustaría que mi marido llegara antes a casa.
2. Me gustaría tener más tiempo para jugar al golf.
3. Nos gustaría que el avión fuera más barato, para ir de vacaciones a Canarias.
4. Me gustaría que mis padres me regalaran un ordenador para Navidad.
5. Me gustaría poder participar en las Olimpiadas.
6. Me gustaría que mañana hiciera buen tiempo/que no lloviera.
7. Nos gustaría que vinierais de vacaciones a casa/que vinieran (ellos) de vacaciones a casa.

8. Me gustaría vivir en el campo.

4. [자유 답안]

1.
1. tuviera, tendría
2. fuera, sería
3. pudiera, podría
4. viniera, vendría
5. fuera, iría
6. saliera, saldría
7. dijera, diría
8. estudiara, estudiaría
9. bebiera, bebería
10. hiciera, haría
11. pusiera, pondría
12. escribiera, escribiría
13. durmiera, dormiría
14. pidiera, pediría

2.
1. d.　　2. c.　　3. f.　　4. b.
5. e.　　6. a.　　7. g.

3.
1. fuera　　　　2. fueran
3. estuviera　　4. iría
5. hiciera　　　6. Bailarías
7. tuviéramos　8. Trabajaría

4.
1. Si hicieras ejercicio, estarías en forma.
2. Si no lloviera, saldría a dar una vuelta.
3. Si supieras informática, encontrarías un trabajo.
4. Si ganarais más dinero, podríais cambiar de piso.
5. Si quisieran, pondrían su propia empresa.

6. Si tuviera tiempo, aprendería a tocar algún instrumento.
7. Si tuviera dinero, te invitaría a cenar en un restaurante.
8. ¿Si te tocara la lotería dejarías de trabajar?
9. Si pudiera, me iría a una isla.

5.
1. te levantaras
2. te encuentras
3. Compraríamos
4. tengo
5. nieva
6. pasas
7. ves
8. necesitas
9. Podrías
10. tienes
11. trabajaras
12. despediría
13. pondrían
14. necesitas
15. vieran

6. [자유 답안]

7. [자유 답안]

Tema 30 양보절

1.
1. nunca he estado en Francia
2. haga mucho frío
3. no terminemos esta noche
4. solo tiene 3 años
5. esté cansada
6. yo quiera
7. yo quisiera
8. pagaran muy bien
9. nunca había visto a tu hermana

2.
1. Aunque tengo hambre, no voy a cenar.
   Aunque tenga hambre, no cenaré.
   Aunque tuviera hambre, no cenaría.
2. Aunque conocen Grecia, van a hacer un crucero...
   Aunque conozcan Grecia, van a hacer/harán un crucero...
   Aunque conocieran Grecia, harían un crucero...
3. Aunque llueve, vamos a salir...
   Aunque llueva, saldremos...
   Aunque lloviera, saldríamos.
4. Aunque este coche es viejo, funciona bien.
   Aunque sea viejo, funcionará bien.
   Aunque fuera viejo, funcionaría bien.
5. Aunque come mucho, no engorda.
   Aunque coma mucho, no engordará.
   Aunque comiera mucho, no engordaría.
6. Aunque trabaja en la sexta planta, no sube en el ascensor.
   Aunque trabaje en la sexta planta, no subirá en el ascensor.
   Aunque trabajara en la sexta planta, no subiría en el ascensor.
7. Aunque tenéis buenas notas, no os dan una beca Erasmus.
   Aunque tengáis buenas notas, no os darán una beca Erasmus.
   Aunque tuvierais buenas notas, no os darían una beca Erasmus.

3.
1. hace/haga
2. pida
3. ha estudiado/haya estudiado
4. estudie
5. advertí
6. duela
7. preparamos
8. encanta
9. está/esté
10. cambiara
11. pagan/pagaban
12. pedimos/hemos pedido/pidamos/hayamos pedido

13. regué/regaba
14. esté/está
15. llama/llame

4.
1. soy
2. trabaje
3. fuera
4. fuera
5. ha aprendido
6. tiene
7. prohíban/prohíben
8. dijo
9. sea
10. jurara

1.
1. Me alegré de que te acordaras de mí.
2. No quería que trabajaras tanto.
3. No creía que la policía sospechara de él.
4. Esperaba que fueras más optimista sobre lo que piensas.
5. Me extrañó que sus empleados salieran tan pronto.
6. Mis amigos querían que fuéramos a Tenerife esta Semana Santa.
7. Preferí que él no viniera conmigo.
8. Era lógico que los alquileres subieran tanto como el coste de la vida.
9. Esperaba que comprendieras mi decisión.
10. La policía no creyó que el accidente fuera por causa de la nieve.
11. Solo quería que le cambiaran la batería del coche.

2.
1. andes
2. estemos
3. necesitara
4. tengas
5. recetara
6. tienes, sea
7. llegaría
8. son
9. era
10. asustarais
11. salieras
12. consultes
13. traiga
14. fume
15. funciona
16. avisarais
17. pusieran
18. dijeras
19. es

3.
1. que él estaría
2. que Mateo llegara
3. te has enterado
4. que sus hijos lleguen
5. que no hablaras
6. que nuestro equipo ganaría
7. que nuestros amigos volvieran
8. que mi hermano ingresara
9. que viniera
10. que vaya
11. que os olvidarais de
12. tuviera

4. [자유 답안]